*Das 2. Lehrbuch
aus dem Alten Testament der Bibel*

Die Psalmen

Lieder und Gebete für gute und schlechte Tage

*Übersetzung nach
Martin Luther 1545*

Bibliografische Information der Deutschen Nationalbibliothek:
Die Deutsche Nationalbibliothek verzeichnet diese Publikation in der
Deutschen Nationalbibliografie; detaillierte bibliografische Daten
sind im Internet über http://dnb.dnb.de abrufbar.

TWENTYSIX – Der Self-Publishing-Verlag
Eine Kooperation zwischen der Verlagsgruppe Random House und
BoD – Books on Demand

Herstellung und Verlag:
BoD – Books on Demand, Norderstedt

ISBN: 978-3-740-76842-3

Übersetzung: **Martin Luther 1545**

Layout, Schriftsatz, Formatierung:
Antonia Katharina Tessnow
www.antonia-katharina.de

Erstes Buch

Der 1. Psalm

Seligkeit der Frommen. Unseligkeit der Gottlosen.

1 Wohl dem, der nicht wandelt im Rat der Gottlosen noch tritt auf den Weg Sünder noch sitzt, da die Spötter sitzen,
2 sondern hat Lust zum Gesetz des HERRN und redet von seinem Gesetz Tag und Nacht!
3 Der ist wie ein Baum, gepflanzt an den Wasserbächen, der seine Frucht bringt zu seiner Zeit, und seine Blätter verwelken nicht; und was er macht, das gerät wohl.
4 Aber so sind die Gottlosen nicht, sondern wie Spreu, die der Wind verstreut.
5 Darum bleiben die Gottlosen nicht im Gericht noch die Sünder in der Gemeinde der Gerechten.
6 Denn der HERR kennt den Weg der Gerechten; aber der Gottlosen Weg vergeht.

Der 2. Psalm

Weissagung von dem Reich des Sohnes Gottes und dem Sieg über seine Feinde.

1 Warum toben die Heiden, und die Völker reden so vergeblich?

2 Die Könige der Erde lehnen sich auf, und die Herren ratschlagen miteinander wider den HERRN und seinen Gesalbten:

3 "Lasset uns zerreißen ihre Bande und von uns werfen ihre Seile!"

4 Aber der im Himmel wohnt, lacht ihrer, und der HERR spottet ihrer.

5 Er wird einst mit ihnen reden in seinem Zorn, und mit seinem Grimm wird er sie schrecken.

6 "Aber ich habe meinen König eingesetzt auf meinem heiligen Berg Zion."

7 Ich will von der Weisheit predigen, daß der HERR zu mir gesagt hat: "Du bist mein Sohn, heute habe ich dich gezeuget:

8 heische von mir, so will ich dir Heiden zum Erbe geben und der Welt Enden zum Eigentum.

9 Du sollst sie mit einem eisernen Zepter zerschlagen; wie Töpfe sollst du sie zerschmeißen."

10 So lasset euch nun weisen, ihr Könige, und lasset euch züchtigen, ihr Richter auf Erden!

11 Dient dem HERRN mit Furcht und freut euch mit Zittern!

12 Küßt den Sohn, daß er nicht zürne und ihr umkommt auf dem Wege; denn sein Zorn wird bald entbrennen. Aber wohl allen, die auf ihn trauen!

Der 3. Psalm

Zuversicht zu Gott gegen alle Feinde.

1 (Ein Psalm Davids, da er floh vor seinem Sohn Absalom.)

2 Ach HERR, wie sind meiner Feinde so viel und setzen sich so viele wider mich!

3 Viele sagen von meiner Seele: Sie hat keine Hilfe bei Gott. (Sela.)

4 Aber du, HERR, bist der Schild für mich und der mich zu Ehren setzt und mein Haupt aufrichtet.

5 Ich rufe an mit meiner Stimme den HERRN; so erhört er mich von seinem heiligen Berge. (Sela.)

6 Ich liege und schlafe und erwache; denn der HERR hält mich.

7 Ich fürchte mich nicht vor viel Tausenden, die sich umher gegen mich legen.

8 Auf, HERR, hilf mir, mein Gott! denn du schlägst alle meine Feinde auf den Backen und zerschmetterst der Gottlosen Zähne.

9 Bei dem HERRN findet man Hilfe. Dein Segen komme über dein Volk! (Sela.)

Der 4. Psalm

*Davids Abendgebet,
voll Glaubensmut gegen die Feinde.
Gott beschämt den Kleinmut der Freunde.*

1 (Ein Psalm Davids, vorzusingen, auf Saitenspiel.)

2 Erhöre mich, wenn ich rufe, Gott meiner Gerechtigkeit, der du mich tröstest in Angst; sei mir gnädig und erhöre mein Gebet!

3 Liebe Herren, wie lange soll meine Ehre geschändet werden? Wie habt ihr das Eitle so lieb und die Lüge so gern! (Sela.)

4 Erkennet doch, daß der HERR seine Heiligen wunderbar führt; der HERR hört, wenn ich ihn anrufe.

5 Zürnet ihr, so sündiget nicht. Redet mit eurem Herzen auf dem Lager und harret. (Sela.)

6 Opfert Gerechtigkeit und hoffet auf den HERRN.

7 Viele sagen: "Wer wird uns Gutes sehen lassen?" Aber, HERR, erhebe über uns das Licht deines Antlitzes!

8 Du erfreuest mein Herz, ob jene gleich viel Wein und Korn haben.

9 Ich liege und schlafe ganz mit Frieden; denn allein du, HERR, hilfst mir, daß ich sicher wohne.

Der 5. Psalm

*Davids Morgengebet,
voll Vertrauen auf des gerechten Gottes Hilfe
gegen seine gottlosen Feinde.*

1 (Ein Psalm Davids, vorzusingen, für das Erbe.)
2 HERR, höre meine Worte, merke auf meine Rede!
3 Vernimm mein Schreien, mein König und mein Gott; denn ich will vor dir beten.
4 HERR, frühe wollest du meine Stimme hören; frühe will ich mich zu dir schicken und aufmerken.
5 Denn du bist nicht ein Gott, dem gottloses Wesen gefällt; wer böse ist, bleibt nicht vor dir.
6 Die Ruhmredigen bestehen nicht vor deinen Augen; du bist feind allen Übeltätern.
7 Du bringst die Lügner um; der HERR hat Gräuel an den Blutgierigen und Falschen.
8 Ich aber will in dein Haus gehen auf deine große Güte und anbeten gegen deinen heiligen Tempel in deiner Furcht.
9 HERR, leite mich in deiner Gerechtigkeit um meiner Feinde willen; richte deinen Weg vor mir her.
10 Denn in ihrem Munde ist nichts Gewisses; ihr Inwendiges ist Herzeleid. Ihr Rachen ist ein offenes Grab; denn mit ihren Zungen heucheln sie.
11 Sprich sie schuldig, Gott, daß sie fallen von

ihrem Vornehmen. Stoße sie aus um ihrer großen Übertretungen willen; denn sie sind widerspenstig.

12 Laß sich freuen alle, die auf dich trauen; ewiglich laß sie rühmen, denn du beschirmst sie; fröhlich laß sein in dir, die deinen Namen lieben.

13 Denn du, HERR, segnest die Gerechten; du krönest sie mit Gnade wie mit einem Schild.

Der 6. Psalm

Bußgebet unter Leiden des Körpers und der Seele. Hoffnung auf des Herrn Hilfe.

1 (Ein Psalm Davids, vorzusingen, auf acht Saiten.)

2 Ach HERR, strafe mich nicht in deinem Zorn und züchtige mich nicht in deinem Grimm!

3 HERR, sei mir gnädig, denn ich bin schwach; heile mich, HERR, denn meine Gebeine sind erschrocken,

4 und meine Seele ist sehr erschrocken. Ach du, HERR, wie lange!

5 Wende dich, HERR, und errette meine Seele; hilf mir um deiner Güte willen!

6 Denn im Tode gedenkt man dein nicht; wer will dir bei den Toten danken?

7 Ich bin so müde vom Seufzen; ich schwemme mein Bett die ganze Nacht und netze mit meinen Tränen mein Lager.

8 Meine Gestalt ist verfallen vor Trauern und alt ist geworden; denn ich werde allenthalben geängstet.

9 Weichet von mir, alle Übeltäter; denn der HERR hört mein Weinen,

10 der HERR hört mein Flehen; mein Gebet nimmt der HERR an.

11 Es müssen alle meine Feinde zu Schanden werden und sehr erschrecken, sich zurückkehren und zu Schanden werden plötzlich.

Der 7. Psalm

Der gerechte Gott rettet Davids Unschuld gegen den ungerechten Feind.

1 (Die Unschuld Davids, davon er sang dem HERRN von wegen der Worte des Chus, des Benjaminiten.)

2 Auf dich, HERR, traue ich, mein Gott. Hilf mir von allen meinen Verfolgern und errette mich,

3 daß sie nicht wie Löwen meine Seele erhaschen und zerreißen, weil kein Erretter da ist.

4 HERR, mein Gott, habe ich solches getan und ist Unrecht in meinen Händen;

5 habe ich Böses vergolten denen, so friedlich mit mir lebten, oder die, so mir ohne Ursache feind waren, beschädigt:

6 so verfolge mein Feind meine Seele und ergreife sie und trete mein Leben zu Boden und lege meine Ehre in den Staub. (Sela.)

7 Stehe auf, HERR, in deinem Zorn, erhebe dich über den Grimm meiner Feinde und wache auf zu mir, der du Gericht verordnet hast,

8 daß sich die Völker um dich sammeln; und über ihnen kehre wieder zur Höhe.

9 Der HERR ist Richter über die Völker. Richte mich, HERR, nach deiner Gerechtigkeit und Frömmigkeit!

10 Laß der Gottlosen Bosheit ein Ende werden und fördere die Gerechten; denn du prüfst Herzen und Nieren.

11 Mein Schild ist bei Gott, der den frommen Herzen hilft.

12 Gott ist ein rechter Richter und ein Gott, der täglich droht.

13 Will man sich nicht bekehren, so hat er sein Schwert gewetzt und seinen Bogen gespannt und zielt

14 und hat darauf gelegt tödliche Geschosse; seine Pfeile hat er zugerichtet, zu verderben.

15 Siehe, der hat Böses im Sinn; mit Unglück ist er schwanger und wird Lüge gebären.

16 Er hat eine Grube gegraben und ausgehöhlt und ist in die Grube gefallen, die er gemacht hat,

17 Sein Unglück wird auf seinen Kopf kommen und sein Frevel auf seinen Scheitel fallen.

18 Ich danke dem HERRN um seiner Gerechtigkeit willen und will loben den Namen des HERRN, des Allerhöchsten.

Der 8. Psalm

*Gottes Größe in der Schöpfung.
Des Menschensohnes Niedrigkeit und Hoheit.*

1 (Ein Psalm Davids, vorzusingen, auf der Gittith.)
2 HERR, unser Herrscher, wie herrlich ist dein Name in allen Landen, du, den man lobt im Himmel!
3 Aus dem Munde der jungen Kinder und Säuglinge hast du eine Macht zugerichtet um deiner Feinde willen, daß du vertilgest den Feind und den Rachgierigen.
4 Wenn ich sehe die Himmel, deiner Finger Werk, den Mond und die Sterne, die du bereitet hast:
5 was ist der Mensch, daß du seiner gedenkst, und des Menschenkind, daß du sich seiner annimmst?
6 Du hast ihn wenig niedriger gemacht denn Gott, und mit Ehre und Schmuck hast du ihn gekrönt.
7 Du hast ihn zum Herrn gemacht über deiner Hände Werk; alles hast du unter seine Füße getan:

8 Schafe und Ochsen allzumal, dazu auch die wilden Tiere,

9 die Vögel unter dem Himmel und die Fische im Meer und was im Meer geht.

10 HERR, unser Herrscher, wie herrlich ist dein Name in allen Landen!

Der 9. Psalm

Danklied für die Rettung von Feinden und Bitte um weiteren Beistand.

1 (Ein Psalm Davids, von der schönen Jugend, vorzusingen.)

2 Ich danke dem HERRN von ganzem Herzen und erzähle alle deine Wunder.

3 Ich freue mich und bin fröhlich in dir und lobe deinen Namen, du Allerhöchster,

4 daß du meine Feinde hinter sich getrieben hast; sie sind gefallen und umgekommen vor dir.

5 Denn du führest mein Recht und meine Sache aus; du sitzest auf dem Stuhl, ein rechter Richter.

6 Du schiltst die Heiden und bringst die Gottlosen um; ihren Namen vertilgst du immer und ewiglich.

7 Die Schwerter des Feindes haben ein Ende; die Städte hast du umgekehrt; ihr Gedächtnis ist umgekommen samt ihnen.

8 Der HERR aber bleibt ewiglich; er hat seinen Stuhl bereitet zum Gericht,

9 und er wird den Erdboden recht richten und die Völker regieren rechtschaffen.

10 Und der HERR ist des Armen Schutz, ein Schutz in der Not.

11 Darum hoffen auf dich, die deinen Namen kennen; denn du verlässest nicht, die dich, HERR, suchen.

12 Lobet den HERRN, der zu Zion wohnt; verkündiget unter den Völkern sein Tun!

13 Denn er gedenkt und fragt nach ihrem Blut; er vergißt nicht des Schreiens der Armen.

14 HERR, sei mir gnädig; siehe an mein Elend unter den Feinden, der du mich erhebst aus den Toren des Todes,

15 auf daß ich erzähle all deinen Preis in den Toren der Tochter Zion, daß ich fröhlich sei über deine Hilfe.

16 Die Heiden sind versunken in der Grube, die sie zugerichtet hatten; ihr Fuß ist gefangen in dem Netz, das sie gestellt hatten.

17 So erkennt man, daß der HERR Recht schafft. Der Gottlose ist verstrickt in dem Werk seiner Hände. (Zwischenspiel. Sela.)

18 Ach daß die Gottlosen müßten zur Hölle gekehrt werden, alle Heiden, die Gottes vergessen!

19 Denn er wird des Armen nicht so ganz vergessen, und die Hoffnung der Elenden wird nicht verloren sein ewiglich.

20 HERR, stehe auf, daß die Menschen nicht

Oberhand haben; laß alle Heiden vor dir gerichtet werden!

21 Gib ihnen, HERR, einen Meister, daß die Heiden erkennen, daß sie Menschen sind. (Sela.)

Der 10. Psalm

*Klage über den Verzug der göttlichen Hilfe
bei dem Übermut der Feinde
und Gebet um Errettung der Unterdrückten.*

1 HERR, warum trittst du so ferne, verbirgst dich zur Zeit der Not?

2 Weil der Gottlose Übermut treibt, muß der Elende leiden; sie hängen sich aneinander und erdenken böse Tücke.

3 Denn der Gottlose rühmt sich seines Mutwillens, und der Geizige sagt dem Herrn ab und lästert ihn.

4 Der Gottlose meint in seinem Stolz, er frage nicht darnach; in allen seinen Tücken hält er Gott für nichts.

5 Er fährt fort mit seinem Tun immerdar; deine Gerichte sind ferne von ihm; er handelt trotzig mit allen seinen Feinden.

6 Er spricht in seinem Herzen: Ich werde nimmermehr darniederliegen; es wird für und für keine Not haben.

7 Sein Mund ist voll Fluchens, Falschheit und

Trugs; seine Zunge richtet Mühe und Arbeit an.

8 Er sitzt und lauert in den Dörfern; er erwürgt die Unschuldigen heimlich; seine Augen spähen nach dem Armen.

9 Er lauert im Verborgenen wie ein Löwe in der Höhle; er lauert, daß er den Elenden erhasche, und er hascht ihn, wenn er ihn in sein Netz zieht.

10 Er zerschlägt und drückt nieder und stößt zu Boden den Armen mit Gewalt.

11 Er spricht in seinem Herzen: Gott hat's vergessen; er hat sein Antlitz verborgen, er wird's nimmermehr sehen.

12 Stehe auf, HERR; Gott, erhebe deine Hand; vergiß der Elenden nicht!

13 Warum soll der Gottlose Gott lästern und in seinem Herzen sprechen: Du fragest nicht darnach?

14 Du siehest ja, denn du schauest das Elend und den Jammer; es steht in deinen Händen. Die Armen befehlens's dir; du bist der Waisen Helfer.

15 Zerbrich den Arm des Gottlosen und suche heim das Böse, so wird man sein gottlos Wesen nimmer finden.

16 Der HERR ist König immer und ewiglich; die Heiden müssen aus seinem Land umkommen.

17 Das Verlangen der Elenden hörst du, HERR; ihr Herz ist gewiß, daß dein Ohr darauf merket,

18 daß du Recht schaffest dem Waisen und Armen, daß der Mensch nicht mehr trotze auf Erden.

Der 11. Psalm

*In der Bedrängnis durch seine Feinde
traut David auf den Herrn.*

1 (Ein Psalm Davids, vorzusingen.) Ich traue auf den HERRN. Wie sagt ihr denn zu meiner Seele: Fliehet wie ein Vogel auf eure Berge?
2 Denn siehe, die Gottlosen spannen den Bogen und legen ihre Pfeile auf die Sehnen, damit heimlich zu schießen die Frommen.
3 Denn sie reißen den Grund um; was sollte der Gerechte ausrichten?
4 Der HERR ist in seinem heiligen Tempel, des HERRN Stuhl ist im Himmel; seine Augen sehen darauf, seine Augenlider prüfen die Menschenkinder.
5 Der HERR prüft den Gerechten; seine Seele haßt den Gottlosen und die gerne freveln.
6 Er wird regnen lassen über die Gottlosen Blitze, Feuer und Schwefel und wird ihnen ein Wetter zum Lohn geben.
7 Der HERR ist gerecht und hat Gerechtigkeit lieb; die Frommen werden schauen sein Angesicht.

Der 12. Psalm

*Klage über die Abnahme der Frommen
und die Übermacht der Bösen.
Vertrauen auf göttliche Hilfe.*

1 (Ein Psalm Davids, vorzusingen, auf acht Saiten.)

2 Hilf, HERR! die Heiligen haben abgenommen, und der Gläubigen ist wenig unter den Menschenkindern.

3 Einer redet mit dem andern unnütze Dinge; sie heucheln und lehren aus uneinigem Herzen.

4 Der HERR wolle ausrotten alle Heuchelei und die Zunge, die da stolz redet,

5 die da sagen: Unsere Zunge soll Oberhand haben, uns gebührt zu reden; wer ist unser HERR?

6 Weil denn die Elenden verstört werden und die Armen seufzen, will ich auf, spricht der HERR; ich will Hilfe schaffen dem, der sich darnach sehnt.

7 Die Rede des HERRN ist lauter wie durchläutert Silber im irdenen Tiegel, bewähret siebenmal.

8 Du, HERR, wollest sie bewahren und uns behüten vor diesem Geschlecht ewiglich!

9 Denn es wird allenthalben voll Gottloser, wo solche nichtswürdige Leute unter den Menschen herrschen.

Der 13. Psalm

*Sehnsucht nach lange verzögerter Hilfe
unter dem Druck der Feinde.
Zuversichtliche Hoffnung auf Gottes Güte.*

1 (Ein Psalm Davids, vorzusingen.)
2 HERR, wie lange willst du mein so gar vergessen? Wie lange verbirgst du dein Antlitz vor mir?
3 Wie lange soll ich sorgen in meiner Seele und mich ängsten in meinem Herzen täglich? Wie lange soll sich mein Feind über mich erheben?
4 Schaue doch und erhöre mich, HERR, mein Gott! Erleuchte meine Augen, daß ich nicht dem Tode entschlafe,
5 daß nicht mein Feind rühme, er sei mein mächtig geworden, und meine Widersacher sich nicht freuen, daß ich niederliege.
6 Ich hoffe aber darauf, daß du so gnädig bist; mein Herz freut sich, daß du so gerne hilfst. Ich will dem HERRN singen, daß er so wohl an mir tut.

Der 14. Psalm

*Seufzen nach Erlösung aus dem allgemeinen
Verderben der Menschen.*

1 (Ein Psalm Davids, vorzusingen.) Die Toren

sprechen in ihrem Herzen: Es ist kein Gott. Sie taugen nichts und sind ein Gräuel mit ihrem Wesen; da ist keiner, der Gutes tue.

2 Der HERR schaut vom Himmel auf der Menschen Kinder, daß er sehe, ob jemand klug sei und nach Gott frage.

3 Aber sie sind alle abgewichen und allesamt untüchtig; da ist keiner, der Gutes tue, auch nicht einer.

4 Will denn der Übeltäter keiner das merken, die mein Volk fressen, daß sie sich nähren; aber den HERRN rufen sie nicht an?

5 Da fürchten sie sich; denn Gott ist bei dem Geschlecht der Gerechten.

6 Ihr schändet des Armen Rat; aber Gott ist seine Zuversicht.

7 Ach daß die Hilfe aus Zion über Israel käme und der HERR sein gefangen Volk erlösete! So würde Jakob fröhlich sein und Israel sich freuen.

Der 15. Psalm

Wer bleibt vor Gott?

1 (Ein Psalm Davids.) HERR, wer wird wohnen in deiner Hütte? Wer wird bleiben auf deinem heiligen Berge?

2 Wer ohne Tadel einhergeht und recht tut und redet die Wahrheit von Herzen;

3 wer mit seiner Zunge nicht verleumdet und

seinen Nächstem kein Arges tut und seinen Nächsten nicht schmäht;

4 wer die Gottlosen für nichts achtet, sondern ehrt die Gottesfürchtigen; wer sich selbst zum Schaden schwört und hält es;

5 wer sein Geld nicht auf Wucher gibt und nimmt nicht Geschenke gegen den Unschuldigen: wer das tut, der wird wohl bleiben.

Der 16. Psalm

*Der schöne Erbteil des Heiligen
und seine Errettung vom Tod.*

1 (Ein gülden Kleinod Davids.) Bewahre mich Gott; denn ich traue auf dich.

2 Ich habe gesagt zu dem HERRN: Du bist ja der HERR; ich weiß von keinem Gute außer dir.

3 An den Heiligen, so auf Erden sind, und den Herrlichen, an denen hab ich all mein Gefallen.

4 Aber jene, die einem andern nacheilen, werden groß Herzeleid haben. Ich will ihre Trankopfer mit Blut nicht opfern noch ihren Namen in meinem Munde führen.

5 Der HERR aber ist mein Gut und mein Teil; du erhältst mein Erbteil.

6 Das Los ist mir gefallen aufs Liebliche; mir ist ein schön Erbteil geworden.

7 Ich lobe den HERRN, der mir geraten hat;

auch züchtigen mich meine Nieren des Nachts. [Ich preise den HERRN, der mich beraten hat, auch des Nachts mahnt mich mein Inneres. (1)]

8 Ich habe den HERRN allezeit vor Augen; denn er ist mir zur Rechten, so werde ich fest bleiben.

9 Darum freut sich mein Herz, und meine Ehre ist fröhlich; auch mein Fleisch wird sicher liegen.

10 Denn du wirst meine Seele nicht dem Tode lassen und nicht zugeben, daß dein Heiliger verwese.

11 Du tust mir kund den Weg zum Leben; vor dir ist Freude die Fülle und liebliches Wesen zu deiner Rechten ewiglich.

Der 17 Psalm

*Gebet der Unschuld um Errettung
von der Arglist mächtiger und reicher Feinde.*

1 (Ein Gebet Davids.) HERR, erhöre die Gerechtigkeit, merke auf mein Schreien; vernimm mein Gebet, das nicht aus falschem Munde geht.

2 Sprich du in meiner Sache und schaue du aufs Recht.

3 Du prüfst mein Herz und siehst nach ihm des Nachts und läuterst mich, und findest nichts. Ich habe mir vorgesetzt, daß mein Mund nicht soll übertreten.

4 Ich bewahre mich in dem Wort deiner Lippen

vor Menschenwerk, vor dem Wege des Mörders.

5 Erhalte meinen Gang auf deinen Fußsteigen, daß meine Tritte nicht gleiten.

6 Ich rufe zu dir, daß du, Gott, wollest mich erhören; neige deine Ohren zu mir, höre meine Rede.

7 Beweise deine wunderbare Güte, du Heiland derer, die dir vertrauen, wider die, so sich gegen deine rechte Hand setzen.

8 Behüte mich wie einen Augapfel im Auge, beschirme mich unter dem Schatten deiner Flügel

9 vor den Gottlosen, die mich verstören, vor meinen Feinden, die um und um nach meiner Seele stehen.

10 Ihr Herz schließen sie zu; mit ihrem Munde reden sie stolz.

11 Wo wir gehen, so umgeben sie uns; ihre Augen richten sie dahin, daß sie uns zur Erde stürzen;

12 gleichwie ein Löwe, der des Raubes begehrt, wie ein junger Löwe, der in der Höhle sitzt.

13 HERR, mache dich auf, überwältige ihn und demütige ihn, errette meine Seele von dem Gottlosen mit deinem Schwert,

14 von den Leuten mit deiner Hand, HERR, von den Leuten dieser Welt, welche ihr Teil haben in ihrem Leben, welchen du den Bauch füllst mit

deinem Schatz, die da Söhne die Fülle haben und lassen ihr übriges ihren Kindern.

15 Ich aber will schauen dein Antlitz in Gerechtigkeit; ich will satt werden, wenn ich erwache, an deinem Bilde.

Der 18. Psalm

*Dank für wunderbare Errettung
und Vertrauen auf Gottes starke Hilfe.*

1 Ein Psalm, vorzusingen, Davids, des Knechtes des HERRN, welcher hat dem Herrn die Worte dieses Liedes geredet zur Zeit, da ihn der HERR errettet hatte von der Hand aller seiner Feinde und von der Hand Sauls,

2 und sprach: Herzlich lieb habe ich dich, HERR, meine Stärke!

3 HERR, mein Fels, meine Burg, mein Erretter, mein Gott, mein Hort, auf den ich traue, mein Schild und Horn meines Heils und mein Schutz!

4 Ich rufe an den HERRN, den Hochgelobten, so werde ich von meinen Feinden erlöst.

5 Es umfingen mich des Todes Bande, und die Bäche des Verderbens erschreckten mich.

6 Der Hölle Bande umfingen mich, und des Todes Stricke überwältigten mich.

7 Da mir angst war, rief ich den HERRN an und schrie zu meinem Gott; da erhörte er meine

Stimme von seinem Tempel, und mein Schreien kam vor ihn zu seinen Ohren.

8 Die Erde bebte und ward bewegt, und die Grundfesten der Berge regten sich und bebten, da er zornig war.

9 Dampf ging von seiner Nase und verzehrend Feuer von seinem Munde, daß es davon blitzte.

10 Er neigte den Himmel und fuhr herab, und Dunkel war unter seinen Füßen.

11 Und er fuhr auf dem Cherub und flog daher; er schwebte auf den Fittichen des Windes.

12 Sein Gezelt um ihn her war finster und schwarze, dicke Wolken, darin er verborgen war.

13 Vom Glanz vor ihm trennten sich die Wolken mit Hagel und Blitzen.

14 Und der HERR donnerte im Himmel, und der Höchste ließ seinen Donner aus mit Hagel und Blitzen.

15 Er schoß seine Strahlen und zerstreute sie; er ließ sehr blitzen und schreckte sie.

16 Da sah man das Bett der Wasser, und des Erdbodens Grund ward aufgedeckt, HERR, von deinem Schelten, von dem Odem und Schnauben deiner Nase.

17 Er streckte seine Hand aus von der Höhe und holte mich und zog mich aus großen Wassern.

18 Er errettete mich von meinen starken Feinden, von meinen Hassern, die mir zu mächtig waren,

19 die mich überwältigten zur Zeit meines Unglücks; und der HERR ward meine Zuversicht.

20 Und er führte mich aus ins Weite. Er riß mich heraus; denn er hatte Lust zu mir.

21 Der HERR tut wohl an mir nach meiner Gerechtigkeit; er vergilt mir nach der Reinigkeit meiner Hände.

22 Denn ich halte die Wege des HERRN und bin nicht gottlos wider meinen Gott.

23 Denn alle seine Rechte habe ich vor Augen, und seine Gebote werfe ich nicht von mir;

24 sondern ich bin ohne Tadel vor ihm und hüte mich vor Sünden.

25 Darum vergilt mir der HERR nach meiner Gerechtigkeit, nach der Reinigkeit meiner Hände vor seinen Augen.

26 Bei den Heiligen bist du heilig, und bei den Frommen bist du fromm,

27 und bei den Reinen bist du rein, und bei den Verkehrten bist du verkehrt.

28 Denn du hilfst dem elenden Volk, und die hohen Augen erniedrigst du.

29 Denn du erleuchtest meine Leuchte; der HERR, mein Gott, macht meine Finsternis licht.

30 Denn mit dir kann ich Kriegsvolk zerschlagen und mit meinem Gott über die Mauer springen.

31 Gottes Wege sind vollkommen; die Reden des HERRN sind durchläutert. Er ist ein Schild allen, die ihm vertrauen.

32 Denn wo ist ein Gott außer dem HERRN, oder ein Hort außer unserm Gott?

33 Gott rüstet mich mit Kraft und macht meine Wege ohne Tadel.

34 Er macht meine Füße gleich den Hirschen und stellt mich auf meine Höhen.

35 Er lehrt meine Hand streiten und lehrt meinen Arm einen ehernen Bogen spannen.

36 Du gibst mir den Schild deines Heils, und deine Rechte stärkt mich; und wenn du mich demütigst, machst du mich groß.

37 Du machst unter mir Raum zu gehen, daß meine Knöchel nicht wanken.

38 Ich will meinen Feinden nachjagen und sie ergreifen, und nicht umkehren, bis ich sie umgebracht habe.

39 Ich will sie zerschmettern; sie sollen mir nicht widerstehen und müssen unter meine Füße fallen.

40 Du kannst mich rüsten mit Stärke zum Streit; du kannst unter mich werfen, die sich wider mich setzen.

41 Du gibst mir meine Feinde in die Flucht, daß ich meine Hasser verstöre.

42 Sie rufen - aber da ist kein Helfer - zum HERRN; aber er antwortet ihnen nicht.

43 Ich will sie zerstoßen wie Staub vor dem Winde; ich will sie wegräumen wie den Kot auf der Gasse.

44 Du hilfst mir von dem zänkischen Volk und

machst mich zum Haupt unter den Heiden; ein Volk, das ich nicht kannte, dient mir;

45 es gehorcht mir mit gehorsamen Ohren. Ja, den Kindern der Fremde hat's wider mich gefehlt;

46 die Kinder der Fremde verschmachten und kommen mit Zittern aus ihren Burgen.

47 Der HERR lebt, und gelobt sei mein Hort; und erhoben werde der Gott meines Heils,

48 der Gott, der mir Rache gibt und zwingt die Völker unter mich;

49 der mich errettet von meinen Feinden und erhöht mich aus denen, die sich wider mich setzen; du hilfst mir von den Frevlern.

50 Darum will ich dir danken, HERR, unter den Heiden und deinem Namen lobsingen,

51 der seinem König großes Heil beweist und wohltut seinem Gesalbten, David und seinem Samen ewiglich.

Der 19. Psalm

*Herrlichkeit Gottes in der Natur und in seinem Wort.
Bitte um Sündenvergebung
und um Bewahrung vor Unrecht.*

1 (Ein Psalm Davids, vorzusingen.)

2 Die Himmel erzählen die Ehre Gottes, und die Feste verkündigt seiner Hände Werk.

3 Ein Tag sagt's dem andern, und eine Nacht tut's kund der andern.

4 Es ist keine Sprache noch Rede, da man nicht ihre Stimme höre.

5 Ihre Schnur geht aus in alle Lande und ihre Rede an der Welt Ende. Er hat der Sonne eine Hütte an ihnen gemacht;

6 und dieselbe geht heraus wie ein Bräutigam aus seiner Kammer und freut sich wie ein Held zu laufen den Weg.

7 Sie geht auf an einem Ende des Himmels und läuft um bis wieder an sein Ende, und bleibt nichts vor ihrer Hitze verborgen.

8 Das Gesetz des HERRN ist vollkommen und erquickt die Seele; das Zeugnis des HERRN ist gewiß und macht die Unverständigen weise.

9 Die Befehle des HERRN sind richtig und erfreuen das Herz; die Gebote des HERRN sind lauter und erleuchten die Augen.

10 Die Furcht des HERRN ist rein und bleibt ewiglich; die Rechte des HERRN sind wahrhaftig, allesamt gerecht.

11 Sie sind köstlicher denn Gold und viel feines Gold; sie sind süßer denn Honig und Honigseim.

12 Auch wird dein Knecht durch sie erinnert; und wer sie hält, der hat großen Lohn.

13 Wer kann merken, wie oft er fehlet? Verzeihe mir die verborgenen Fehle!

14 Bewahre auch deinen Knecht vor den Stolzen, daß sie nicht über mich herrschen, so

werde ich ohne Tadel sein und unschuldig bleiben großer Missetat.

15 Laß dir wohl gefallen die Rede meines Mundes und das Gespräch meines Herzens vor dir, HERR, mein Hort und mein Erlöser.

Der 20. Psalm

*Gebet des Volks für seinen König
zur Zeit der Kriegsnot.*

1 (Ein Psalm Davids, vorzusingen.)

2 Der HERR erhöre dich in der Not; der Name des Gottes Jakobs schütze dich!

3 Er sende dir Hilfe vom Heiligtum und stärke dich aus Zion.

4 Er gedenke all deines Speisopfers, und dein Brandopfer müsse vor ihm fett sein. (Sela.)

5 Er gebe dir was dein Herz begehrt, und erfülle alle deine Anschläge.

6 Wir rühmen, daß du uns hilfst, und im Namen unsres Gottes werfen wir Panier auf. Der HERR gewähre dir alle deine Bitten!

7 Nun merke ich, daß der HERR seinem Gesalbten hilft und erhöht ihn in seinen heiligen Himmel; seine rechte Hand hilft mit Macht.

8 Jene verlassen sich auf Wagen und Rosse; wir aber denken an den Namen des HERRN, unsers Gottes.

9 Sie sind niedergestürzt und gefallen; wir aber stehen aufgerichtet.

10 Hilf, HERR, dem König und erhöre uns wenn wir rufen!

Der 21. Psalm

*Danklied für die dem König
von Gott verliehenen Wohltaten und Siege.*

1 (Ein Psalm Davids, vorzusingen.)

2 HERR, der König freut sich in deiner Kraft, und wie sehr fröhlich ist er über deine Hilfe!

3 Du gibst ihm seines Herzens Wunsch und weigerst nicht, was sein Mund bittet. (Sela.)

4 Denn du überschüttest ihn mit gutem Segen; du setzt eine goldene Krone auf sein Haupt.

5 Er bittet Leben von dir; so gibst du ihm langes Leben immer und ewiglich.

6 Er hat große Ehre an deiner Hilfe; du legst Lob und Schmuck auf ihn.

7 Denn du setzest ihn zum Segen ewiglich; du erfreuest ihn mit Freude vor deinem Antlitz.

8 Denn der König hofft auf den HERRN und wird durch die Güte des HERRN fest bleiben.

9 Deine Hand wird finden alle deine Feinde; deine Rechte wird finden, die dich hassen.

10 Du wirst sie machen wie ein Feuerofen, wenn du dreinsehen wirst; der HERR wird sie

verschlingen in seinem Zorn; Feuer wird sie fressen.

11 Ihre Frucht wirst du umbringen vom Erdboden und ihren Samen von den Menschenkindern.

12 Denn sie gedachten dir Übles zu tun und machten Anschläge, die sie nicht konnten ausführen.

13 Denn du wirst machen, daß sie den Rücken kehren; mit deiner Sehne wirst du gegen ihr Antlitz zielen.

14 HERR, erhebe dich in deiner Kraft, so wollen wir singen und loben deine Macht.

Der 22. Psalm

Leiden und Herrlichkeit des Gerechten.
(Christi Leidenspsalm)

1 (Ein Psalm Davids, vorzusingen; von der Hinde, die früh gejagt wird.)

2 Mein Gott, mein Gott, warum hast du mich verlassen? ich heule; aber meine Hilfe ist ferne.

3 Mein Gott, des Tages rufe ich, so antwortest du nicht; und des Nachts schweige ich auch nicht.

4 Aber du bist heilig, der du wohnst unter dem Lobe Israels.

5 Unsre Väter hofften auf dich; und da sie hofften, halfst du ihnen aus.

6 Zu dir schrieen sie und wurden errettet; sie hofften auf dich und wurden nicht zu Schanden.

7 Ich aber bin ein Wurm und kein Mensch, ein Spott der Leute und Verachtung des Volks.

8 Alle, die mich sehen, spotten mein, sperren das Maul auf und schütteln den Kopf:

9 "Er klage es dem HERRN; der helfe ihm aus und errette ihn, hat er Lust zu ihm."

10 Denn du hast mich aus meiner Mutter Leib gezogen; du warst meine Zuversicht, da ich noch an meiner Mutter Brüsten war.

11 Auf dich bin ich geworfen von Mutterleib an; du bist mein Gott von meiner Mutter Schoß an.

12 Sei nicht ferne von mir, denn Angst ist nahe; denn es ist hier kein Helfer.

13 Große Farren haben mich umgeben, gewaltige Stiere haben mich umringt.

14 Ihren Rachen sperren sie auf gegen mich wie ein brüllender und reißender Löwe.

15 Ich bin ausgeschüttet wie Wasser, alle meine Gebeine haben sich zertrennt; mein Herz ist in meinem Leibe wie zerschmolzen Wachs.

16 Meine Kräfte sind vertrocknet wie eine Scherbe, und meine Zunge klebt an meinem Gaumen, und du legst mich in des Todes Staub.

17 Denn die Hunde haben mich umgeben, und der Bösen Rotte hat mich umringt; sie haben meine Hände und Füße durchgraben.

18 Ich kann alle meine Gebeine zählen; aber sie schauen und sehen ihre Lust an mir.

19 Sie teilen meine Kleider unter sich und werfen das Los um mein Gewand.

20 Aber du, HERR, sei nicht ferne; meine Stärke, eile, mir zu helfen!

21 Errette meine Seele vom Schwert, meine einsame von den Hunden!

22 Hilf mir aus dem Rachen des Löwen und errette mich von den Einhörnern!

23 Ich will deinen Namen predigen meinen Brüdern; ich will dich in der Gemeinde rühmen.

24 Rühmet den HERRN, die ihr ihn fürchtet; es ehre ihn aller Same Jakobs, und vor ihm scheue sich aller Same Israels.

25 Denn er hat nicht verachtet noch verschmäht das Elend des Armen und sein Antlitz vor ihm nicht verborgen; und da er zu ihm schrie, hörte er's.

26 Dich will ich preisen in der großen Gemeinde; ich will mein Gelübde bezahlen vor denen, die ihn fürchten.

27 Die Elenden sollen essen, daß sie satt werden; und die nach dem HERRN fragen, werden ihn preisen; euer Herz soll ewiglich leben.

28 Es werden gedenken und sich zum HERRN bekehren aller Welt Enden und vor ihm anbeten alle Geschlechter der Heiden.

29 Denn des HERRN ist das Reich, und er herrscht unter den Heiden.

30 Alle Fetten auf Erden werden essen und anbeten; vor ihm werden die Kniee beugen alle,

die im Staub liegen, und die, so kümmerlich leben.

31 Er wird einen Samen haben, der ihm dient; vom HERRN wird man verkündigen zu Kindeskind.

32 Sie werden kommen und seine Gerechtigkeit predigen dem Volk, das geboren wird, daß er's getan hat.

Der 23. Psalm

Der gute Hirte.

1 (Ein Psalm Davids.) Der HERR ist mein Hirte; mir wird nichts mangeln.

2 Er weidet mich auf grüner Aue und führet mich zum frischen Wasser.

3 Er erquicket meine Seele; er führet mich auf rechter Straße um seines Namens willen.

4 Und ob ich schon wanderte im finstern Tal, fürchte ich kein Unglück; denn du bist bei mir, dein Stecken und dein Stab trösten mich.

5 Du bereitest vor mir einen Tisch im Angesicht meiner Feinde. Du salbest mein Haupt mit Öl und schenkest mir voll ein.

6 Gutes und Barmherzigkeit werden mir folgen mein Leben lang, und ich werde bleiben im Hause des HERRN immerdar.

Der 24. Psalm

Einzug des Königs der Ehren.

1 (Ein Psalm Davids.) Die Erde ist des HERRN und was darinnen ist, der Erdboden und was darauf wohnt.

2 Denn er hat ihn an die Meere gegründet und an den Wassern bereitet.

3 Wer wird auf des HERRN Berg gehen, und wer wird stehen an seiner heiligen Stätte?

4 Der unschuldige Hände hat und reines Herzens ist; der nicht Lust hat zu loser Lehre und schwört nicht fälschlich:

5 der wird den Segen vom HERRN empfangen und Gerechtigkeit von dem Gott seines Heils.

6 Das ist das Geschlecht, das nach ihm fragt, das da sucht dein Antlitz, Gott Jakobs. (Sela.)

7 Machet die Tore weit und die Türen in der Welt hoch, daß der König der Ehren einziehe!

8 Wer ist derselbe König der Ehren? Es ist der HERR, stark und mächtig, der HERR, mächtig im Streit.

9 Machet die Tore weit und die Türen in der Welt hoch, daß der König der Ehren einziehe!

10 Wer ist derselbe König der Ehren? Es ist der HERR Zebaoth; er ist der König der Ehren. (Sela.)

Der 25. Psalm

*Gebet um Gottes Schutz,
gnädige Leitung und Vergebung der Sünden.*

1 (Ein Psalm Davids.) Nach dir, HERR, verlangt mich.

2 Mein Gott, ich hoffe auf dich; laß mich nicht zu Schanden werden, daß sich meine Feinde nicht freuen über mich.

3 Denn keiner wird zu Schanden, der dein harret; aber zu Schanden müssen sie werden, die leichtfertigen Verächter.

4 HERR, zeige mir deine Wege und lehre mich deine Steige;

5 leite mich in deiner Wahrheit und lehre mich! Denn du bist der Gott, der mir hilft; täglich harre ich dein.

6 Gedenke, HERR, an deine Barmherzigkeit und an deine Güte, die von der Welt her gewesen ist.

7 Gedenke nicht der Sünden meiner Jugend und meiner Übertretungen; gedenke aber mein nach deiner Barmherzigkeit um deiner Güte willen!

8 Der HERR ist gut und fromm; darum unterweist er die Sünder auf dem Wege.

9 Er leitet die Elenden recht und lehrt die Elenden seinen Weg.

10 Die Wege des HERRN sind eitel Güte und

Wahrheit denen, die seinen Bund und seine Zeugnisse halten.

11 Um deines Namens willen, HERR, sei gnädig meiner Missetat, die da groß ist.

12 Wer ist der, der den HERRN fürchtet? Er wird ihn unterweisen den besten Weg.

13 Seine Seele wird im Guten wohnen, und sein Same wird das Land besitzen.

14 Das Geheimnis des HERRN ist unter denen, die ihn fürchten; und seinen Bund läßt er sie wissen.

15 Meine Augen sehen stets zu dem HERRN; denn er wird meinen Fuß aus dem Netze ziehen.

16 Wende dich zu mir und sei mir gnädig; denn ich bin einsam und elend.

17 Die Angst meines Herzens ist groß; führe mich aus meinen Nöten!

18 Siehe an meinen Jammer und mein Elend und vergib mir alle meine Sünden!

19 Siehe, daß meiner Feinde so viel sind und hassen mich aus Frevel.

20 Bewahre meine Seele und errette mich, laß mich nicht zu Schanden werden; denn ich traue auf dich.

21 Schlecht und Recht, das behüte mich; denn ich harre dein.

22 Gott, erlöse Israel aus aller seiner Not!

Der 26. Psalm

Gebet um Rettung der Unschuld.

1 (Ein Psalm Davids.) HERR, schaffe mir Recht; denn ich bin unschuldig! Ich hoffe auf den HERRN; darum werde ich nicht fallen.

2 Prüfe mich, HERR, und versuche mich; läutere meine Nieren und mein Herz.

3 Denn deine Güte ist vor meinen Augen, und ich wandle in deiner Wahrheit.

4 Ich sitze nicht bei den eitlen Leuten und habe nicht Gemeinschaft mit den Falschen.

5 Ich hasse die Versammlung der Boshaften und sitze nicht bei den Gottlosen.

6 Ich wasche meine Hände in Unschuld und halte mich, HERR, zu deinem Altar,

7 da man hört die Stimme des Dankens, und da man predigt alle deine Wunder.

8 HERR, ich habe lieb die Stätte deines Hauses und den Ort, da deine Ehre wohnt.

9 Raffe meine Seele nicht hin mit den Sündern noch mein Leben mit den Blutdürstigen,

10 welche mit böser Tücke umgehen und nehmen gern Geschenke.

11 Ich aber wandle unschuldig. Erlöse mich und sei mir gnädig!

12 Mein Fuß geht richtig. Ich will dich loben, HERR, in den Versammlungen.

Der 27. Psalm

Auch in Kriegsnot ist David im Herrn geborgen.

1 (Ein Psalm Davids.) Der HERR ist mein Licht und mein Heil; vor wem sollte ich mich fürchten! Der HERR ist meines Lebens Kraft; vor wem sollte mir grauen!

2 So die Bösen, meine Widersacher und Feinde, an mich wollen, mein Fleisch zu fressen, müssen sie anlaufen und fallen.

3 Wenn sich schon ein Heer wider mich legt, so fürchtet sich dennoch mein Herz nicht; wenn sich Krieg wider mich erhebt, so verlasse ich mich auf ihn.

4 Eins bitte ich vom HERRN, das hätte ich gerne: daß ich im Hause des HERRN bleiben möge mein Leben lang, zu schauen die schönen Gottesdienste des HERRN und seinen Tempel zu betrachten.

5 Denn er deckt mich in seiner Hütte zur bösen Zeit, er verbirgt mich heimlich in seinem Gezelt und erhöht mich auf einem Felsen,

6 und wird nun erhöhen mein Haupt über meine Feinde, die um mich sind; so will ich in seiner Hütte Lob opfern, ich will singen und lobsagen dem HERRN.

7 HERR, höre meine Stimme, wenn ich rufe; sei mir gnädig und erhöre mich!

8 Mein Herz hält dir vor dein Wort: "Ihr sollt

mein Antlitz suchen." Darum suche ich auch, HERR, dein Antlitz.

9 Verbirg dein Antlitz nicht vor mir und verstoße nicht im Zorn deinen Knecht; denn du bist meine Hilfe. Laß mich nicht und tue nicht von mir die Hand ab, Gott, mein Heil!

10 Denn mein Vater und meine Mutter verlassen mich; aber der HERR nimmt mich auf.

11 HERR, weise mir deinen Weg und leite mich auf richtiger Bahn um meiner Feinde willen.

12 Gib mich nicht in den Willen meiner Feinde; denn es stehen falsche Zeugen gegen mich und tun mir Unrecht ohne Scheu.

13 Ich glaube aber doch, daß ich sehen werde das Gute des HERRN im Lande der Lebendigen.

14 Harre des HERRN! Sei getrost und unverzagt und harre des HERRN!

Der 28. Psalm

*Bitte um Errettung von Gottlosen.
Dank für die Erhörung.*

1 (Ein Psalm Davids.) Wenn ich rufe zu dir, HERR, mein Hort, so schweige mir nicht, auf daß nicht, wo du schweigst, ich gleich werde denen, die in die Grube fahren.

2 Höre die Stimme meines Flehens, wenn ich zu dir schreie, wenn ich meine Hände aufhebe zu deinem heiligen Chor.

3 Raffe mich nicht hin mit den Gottlosen und mit den Übeltätern, die freundlich reden mit ihrem Nächsten und haben Böses im Herzen.

4 Gib ihnen nach ihrer Tat und nach ihrem bösen Wesen; gib ihnen nach den Werken ihrer Hände; vergilt ihnen, was sie verdient haben.

5 Denn sie wollen nicht achten auf das Tun des HERRN noch auf die Werke seiner Hände; darum wird er sie zerbrechen und nicht aufbauen.

6 Gelobt sei der HERR; denn er hat erhört die Stimme meines Flehens.

7 Der HERR ist meine Stärke und mein Schild; auf ihn hofft mein Herz, und mir ist geholfen. Und mein Herz ist fröhlich, und ich will ihm danken mit meinem Lied.

8 Der HERR ist meine Stärke; er ist die Stärke, die seinem Gesalbten hilft.

9 Hilf deinem Volk und segne dein Erbe und weide sie und erhöhe sie ewiglich!

Der 29. Psalm

Herrlichkeit Gottes im Gewitter.

1 (Ein Psalm Davids.) Bringet her dem HERRN, ihr Gewaltigen, bringet her dem HERRN Ehre und Stärke!

2 Bringet dem HERRN die Ehre seines Namens; betet an den HERRN im heiligen Schmuck!

3 Die Stimme des HERRN geht über den Wassern; der Gott der Ehren donnert, der HERR über großen Wassern.

4 Die Stimme des HERRN geht mit Macht; die Stimme des HERRN geht herrlich.

5 Die Stimme des HERRN zerbricht die Zedern; der HERR zerbricht die Zedern im Libanon.

6 Und macht sie hüpfen wie ein Kalb, den Libanon und Sirjon wie ein junges Einhorn.

7 Die Stimme des HERRN sprüht Feuerflammen.

8 Die Stimme des HERRN erregt die Wüste; der HERR erregt die Wüste Kades.

9 Die Stimme des HERRN erregt die Hinden und entblößt die Wälder; und in seinem Tempel sagt ihm alles Ehre.

10 Der HERR sitzt, eine Sintflut anzurichten; und der HERR bleibt ein König in Ewigkeit.

11 Der HERR wird seinem Volk Kraft geben; der HERR wird sein Volk segnen mit Frieden.

Der 30. Psalm

Danklied für die Rettung des Lebens.

1 (Ein Psalm, zu singen von der Einweihung des Hauses, von David.)

2 Ich preise dich, HERR; denn du hast mich erhöht und lässest meine Feinde sich nicht über mich freuen.

3 HERR, mein Gott, da ich schrie zu dir, machtest du mich gesund.

4 HERR, du hast meine Seele aus der Hölle geführt; du hast mich lebend erhalten, da jene in die Grube fuhren.

5 Ihr Heiligen, lobsinget dem HERRN; danket und preiset seine Heiligkeit!

6 Denn sein Zorn währt einen Augenblick, und lebenslang seine Gnade; den Abend lang währt das Weinen, aber des Morgens ist Freude.

7 Ich aber sprach, da mir's wohl ging: Ich werde nimmermehr darniederliegen.

8 Denn, HERR, durch dein Wohlgefallen hattest du meinen Berg stark gemacht; aber da du dein Antlitz verbargest, erschrak ich.

9 Zu dir, HERR, rief ich, und zum HERRN flehte ich:

10 Was ist nütze an meinem Blut, wenn ich zur Grube fahre? Wird dir auch der Staub danken und deine Treue verkündigen?

11 HERR, höre und sei mir gnädig! HERR, sei mein Helfer!

12 Du hast meine Klage verwandelt in einen Reigen; du hast mir meinen Sack ausgezogen und mich mit Freude gegürtet,

13 auf daß dir lobsinge meine Ehre und nicht stille werde. HERR, mein Gott, ich will dir danken in Ewigkeit.

Der 31. Psalm

Hoffnung lässt nicht zu Schaden werden.

1 (Ein Psalm Davids, vorzusingen.)

2 HERR, auf dich traue ich, laß mich nimmermehr zu Schanden werden; errette mich durch deine Gerechtigkeit!

3 Neige deine Ohren zu mir, eilend hilf mir! Sei mir ein starker Fels und eine Burg, daß du mir helfest!

4 Denn du bist mein Fels und meine Burg, und um deines Namens willen wolltest du mich leiten und führen.

5 Du wollest mich aus dem Netze ziehen, das sie mir gestellt haben; denn du bist meine Stärke.

6 In deine Hände befehle ich meinen Geist; du hast mich erlöst, HERR, du treuer Gott.

7 Ich hasse, die da halten auf eitle Götzen; ich aber hoffe auf den HERRN.

8 Ich freue mich und bin fröhlich über deine Güte, daß du mein Elend ansiehst und erkennst meine Seele in der Not

9 und übergibst mich nicht in die Hände des Feindes; du stellst meine Füße auf weiten Raum.

10 HERR, sei mir gnädig, denn mir ist angst; meine Gestalt ist verfallen vor Trauern, dazu meine Seele und mein Leib.

[Sei mir gnädig, o HERR, denn ich bin in

Bedrängnis; getrübt vor Gram ist mir mein Auge, meine Seele und mein Leib. (2)]

11 Denn mein Leben hat abgenommen vor Betrübnis und meine Zeit vor Seufzen; meine Kraft ist verfallen vor meiner Missetat, und meine Gebeine sind verschmachtet.

[Denn in Kummer schwindet mein Leben dahin und meine Jahre in Seufzen; meine Kraft wankt durch meine Schuld, und es verfallen meine Gebeine. (3)]

12 Es geht mir so übel, daß ich bin eine große Schmach geworden meinen Nachbarn und eine Scheu meinen Verwandten; die mich sehen auf der Gasse, fliehen vor mir.

13 Mein ist vergessen im Herzen wie eines Toten; ich bin geworden wie ein zerbrochenes Gefäß.

14 Denn ich höre, wie mich viele schelten, Schrecken ist um und um; sie ratschlagen miteinander über mich und denken, mir das Leben zu nehmen.

15 Ich aber, HERR, hoffe auf dich und spreche: Du bist mein Gott!

16 Meine Zeit steht in deinen Händen. Errette mich von der Hand meiner Feinde und von denen, die mich verfolgen.

17 Laß leuchten dein Antlitz über deinen Knecht; hilf mir durch deine Güte!

18 HERR, laß mich nicht zu Schanden werden; denn ich rufe dich an. Die Gottlosen müssen zu Schanden werden und schweigen in der Hölle.

19 Verstummen müssen falsche Mäuler, die da reden gegen den Gerechten frech, stolz und höhnisch.

20 Wie groß ist deine Güte, die du verborgen hast für die, so dich fürchten, und erzeigest vor den Leuten denen, die auf dich trauen!

[Wie groß ist deine Güte, die du vorbehältst denen, die dich fürchten, die du denen erzeigst, die ihre Zuflucht offen vor aller Welt zu dir nehmen! (4)]

[Wie groß ist deine Güte, die du bereithältst denen, die dich fürchten, die du denen erweist, die sich bei dir bergen vor den Menschen. (5)]

21 Du verbirgst sie heimlich bei dir vor jedermanns Trotz; du verdeckst sie in der Hütte vor den zänkischen Zungen.

22 Gelobt sei der HERR, daß er hat eine wunderbare Güte mir bewiesen in einer festen Stadt.

23 Denn ich sprach zu meinem Zagen: Ich bin von deinen Augen verstoßen. Dennoch hörtest du meines Flehens Stimme, da ich zu dir schrie.

24 Liebet den HERRN, alle seine Heiligen! Die Gläubigen behütet der HERR und vergilt reichlich dem, der Hochmut übt.

25 Seid getrost und unverzagt, alle, die ihr des HERRN harret!

Der 32. Psalm

Seligkeit der Sündenvergebung.

1 (Eine Unterweisung Davids.) Wohl dem, dem die Übertretungen vergeben sind, dem die Sünde bedeckt ist!

2 Wohl dem Menschen, dem der HERR die Missetat nicht zurechnet, in des Geist kein Falsch ist!

3 Denn da ich's wollte verschweigen, verschmachteten meine Gebeine durch mein täglich Heulen.

4 Denn deine Hand war Tag und Nacht schwer auf mir, daß mein Saft vertrocknete, wie es im Sommer dürre wird. (Sela.)

5 Darum bekannte ich dir meine Sünde und verhehlte meine Missetat nicht. Ich sprach: Ich will dem HERRN meine Übertretungen bekennen. Da vergabst du mir die Missetat meiner Sünde. (Sela.)

6 Um deswillen werden die Heiligen zu dir beten zur rechten Zeit; darum, wenn große Wasserfluten kommen, werden sie nicht an dieselben gelangen.

7 Du bist mein Schirm; du wirst mich vor Angst behüten, daß ich errettet gar fröhlich rühmen kann. (Sela.)

8 "Ich will dich unterweisen und dir den Weg zeigen, den du wandeln sollst; ich will dich mit meinen Augen leiten."

9 Seid nicht wie Rosse und Maultiere, die nicht verständig sind, welchen man Zaum und Gebiß muß ins Maul legen, wenn sie nicht zu dir wollen.

10 Der Gottlose hat viel Plage; wer aber auf den HERRN hofft, den wird die Güte umfangen.

11 Freuet euch des HERRN und seid fröhlich, ihr Gerechten, und rühmet, alle ihr Frommen.

Der 33. Psalm

Lob der allmächtigen Güte Gottes.

1 Freuet euch des HERRN, ihr Gerechten; die Frommen sollen ihn preisen.

2 Danket dem HERRN mit Harfen und lobsinget ihm auf dem Psalter von zehn Saiten.

3 Singet ihm ein neues Lied; machet's gut auf Saitenspiel mit Schall.

4 Denn des HERRN Wort ist wahrhaftig; und was er zusagt, das hält er gewiß.

5 Er liebt die Gerechtigkeit und Gericht; die Erde ist voll der Güte des Herrn.

6 Der Himmel ist durch das Wort des HERRN gemacht und all sein Heer durch den Geist seines Mundes.

7 Er hält das Wasser im Meer zusammen wie in einem Schlauch und legt die Tiefen in das Verborgene.

8 Alle Welt fürchte den Herrn; und vor ihm scheue sich alles, was auf dem Erdboden wohnt.

9 Denn so er spricht, so geschieht's; so er gebeut, so stehet's da.

10 Der HERR macht zunichte der Heiden Rat und wendet die Gedanken der Völker.

11 Aber der Rat des HERRN bleibt ewiglich, seines Herzens Gedanken für und für.

12 Wohl dem Volk, des Gott der HERR ist, dem Volk, das er zum Erbe erwählt hat!

13 Der HERR schaut vom Himmel und sieht aller Menschen Kinder.

14 Von seinem festen Thron sieht er auf alle, die auf Erden wohnen.

15 Er lenkt ihnen allen das Herz; er merkt auf alle ihre Werke.

16 Einem Könige hilft nicht seine große Macht; ein Riese wird nicht errettet durch seine große Kraft.

17 Rosse helfen auch nicht, und ihre große Stärke errettet nicht.

18 Siehe, des HERRN Auge sieht auf die, so ihn fürchten, die auf seine Güte hoffen,

19 daß er ihre Seele errette vom Tode und ernähre sie in der Teuerung.

20 Unsre Seele harrt auf den HERRN; er ist unsre Hilfe und Schild.

21 Denn unser Herz freut sich sein, und wir trauen auf seinen heiligen Namen.

22 Deine Güte, HERR, sei über uns, wie wir auf dich hoffen.

Der 34. Psalm

*Ermunterung zum Preis der Hilfe Gottes
und zur Gottesfurcht.*

1 (Ein Psalm Davids, da er seine Gebärde verstellte vor Abimelech, als der ihn von sich trieb und er wegging.)
2 Ich will den HERRN loben allezeit; sein Lob soll immerdar in meinem Munde sein.
3 Meine Seele soll sich rühmen des HERRN, daß es die Elenden hören und sich freuen.
4 Preiset mit mir den HERRN und laßt uns miteinander seinen Namen erhöhen.
5 Da ich den HERRN suchte, antwortete er mir und errettete mich aus aller meiner Furcht.
6 Welche auf ihn sehen, die werden erquickt, und ihr Angesicht wird nicht zu Schanden.
7 Da dieser Elende rief, hörte der HERR und half ihm aus allen seinen Nöten.
8 Der Engel des HERRN lagert sich um die her, so ihn fürchten, und hilft ihnen aus.
9 Schmecket und sehet, wie freundlich der HERR ist. Wohl dem, der auf ihn traut!
10 Fürchtet den HERRN, ihr seine Heiligen! denn die ihn fürchten, haben keinen Mangel.
11 Reiche müssen darben und hungern; aber die den HERRN suchen, haben keinen Mangel an irgend einem Gut.
12 Kommt her, Kinder, höret mir zu; ich will euch die Furcht des HERRN lehren:

13 Wer ist, der Leben begehrt und gerne gute Tage hätte?

14 Behüte deine Zunge vor Bösem und deine Lippen, daß sie nicht Trug reden.

15 Laß vom Bösen und tue Gutes; suche Frieden und jage ihm nach.

16 Die Augen des HERRN merken auf die Gerechten und seine Ohren auf ihr Schreien;

17 das Antlitz aber des HERRN steht gegen die, so Böses tun, daß er ihr Gedächtnis ausrotte von der Erde.

18 Wenn die Gerechten schreien, so hört der HERR und errettet sie aus all ihrer Not.

19 Der HERR ist nahe bei denen, die zerbrochnen Herzens sind, und hilft denen, die ein zerschlagen Gemüt haben.

20 Der Gerechte muß viel Leiden; aber der HERR hilft ihm aus dem allem.

21 Er bewahrt ihm alle seine Gebeine, daß deren nicht eins zerbrochen wird.

22 Den Gottlosen wird das Unglück töten; und die den Gerechten hassen, werden Schuld haben.

23 Der HERR erlöst die Seele seiner Knechte; und alle, die auf ihn trauen, werden keine Schuld haben.

Der 35. Psalm

Gebet um Errettung von boshaften Feinden.

1 (Ein Psalm Davids.) HERR, hadere mit meinen Haderern; streite wider meine Bestreiter.
2 Ergreife Schild und Waffen und mache dich auf, mir zu helfen!
3 Zücke den Spieß und schütze mich gegen meine Verfolger! Sprich zu meiner Seele: Ich bin deine Hilfe!
4 Es müssen sich schämen und gehöhnt werden, die nach meiner Seele stehen; es müssen zurückkehren und zu Schanden werden, die mir übelwollen.
5 Sie müssen werden wie Spreu vor dem Winde, und der Engel des Herrn stoße sie weg.
6 Ihr Weg müsse finster und schlüpfrig werden, und der Engel des HERRN verfolge sie.
7 Denn sie haben mir ohne Ursache ihr Netz gestellt, mich zu verderben, und haben ohne Ursache meiner Seele Gruben zugerichtet.
8 Er müsse unversehens überfallen werden; und sein Netz, das er gestellt hat, müsse ihn fangen; und er müsse darin überfallen werden.
9 Aber meine Seele müsse sich freuen des HERRN und sei fröhlich über seine Hilfe.
10 Alle meine Gebeine müssen sagen: HERR, wer ist deinesgleichen? Der du den Elenden errettest von dem, der ihm zu stark ist, und den Elenden und Armen von seinen Räubern.

11 Es treten frevle Zeugen auf; die zeihen mich, des ich nicht schuldig bin.

12 Sie tun mir Arges um Gutes, mich in Herzeleid zu bringen.

13 Ich aber, wenn sie krank waren, zog einen Sack an, tat mir wehe mit Fasten und betete stets von Herzen;

14 ich hielt mich, als wäre es mein Freund und Bruder; ich ging traurig wie einer, der Leid trägt über seine Mutter.

15 Sie aber freuen sich über meinen Schaden und rotten sich; es rotten sich die Hinkenden wider mich ohne meine Schuld; sie zerreißen und hören nicht auf.

16 Mit denen, die da heucheln und spotten um des Bauches willen, beißen sie ihre Zähne zusammen über mich.

17 HERR, wie lange willst du zusehen? Errette doch meine Seele aus ihrem Getümmel und meine einsame von den jungen Löwen!

18 Ich will dir danken in der großen Gemeinde, und unter vielem Volk will ich dich rühmen.

19 Laß sich nicht über mich freuen, die mir unbillig feind sind, noch mit Augen spotten, die mich ohne Ursache hassen!

20 Denn sie trachten Schaden zu tun und suchen falsche Anklagen gegen die Stillen im Lande

21 und sperren ihr Maul weit auf wider mich und sprechen: "Da, Da! das sehen wir gerne."

22 HERR, du siehst es, schweige nicht; HERR, sei nicht ferne von mir!

23 Erwecke dich und wache auf zu meinem Recht und zu meiner Sache, mein Gott und Herr!

24 HERR, mein Gott, richte mich nach deiner Gerechtigkeit, daß sie sich über mich nicht freuen.

25 Laß sie nicht sagen in ihrem Herzen: "Da, da! das wollten wir." Laß sie nicht sagen: "Wir haben ihn verschlungen."

26 Sie müssen sich schämen und zu Schanden werden alle, die sich meines Übels freuen; sie müssen mit Schande und Scham gekleidet werden, die sich gegen mich rühmen.

27 Rühmen und freuen müssen sich, die mir gönnen, daß ich recht behalte, und immer sagen: Der HERR sei hoch gelobt, der seinem Knechte wohlwill.

28 Und meine Zunge soll reden von deiner Gerechtigkeit und dich täglich preisen.

Der 36. Psalm

Klage über die Gottlosen.
Güte Gottes gegen die Frommen.

1 (Ein Psalm Davids, des Knechtes des HERRN, vorzusingen.)

2 Es ist aus Grund meines Herzens von der

Gottlosen Wesens gesprochen, daß keine Gottesfurcht bei ihnen ist.

[Die Sünde raunt dem Frevler zu im Innern seines Herzens: Es gibt kein Erschrecken vor Gott. So steht es ihm vor Augen. (6)]

[Ein Urteil über die Abtrünnigkeit des Gottlosen (kommt) aus der Tiefe meines Herzens: Die Gottesfurcht gilt nichts vor seinen Augen! (7)]

3 Sie schmücken sich untereinander selbst, daß sie ihre böse Sache fördern und andere verunglimpfen.

4 Alle ihre Worte sind schädlich und erlogen; sie lassen sich auch nicht weisen, daß sie Gutes täten;

5 sondern sie trachten auf ihrem Lager nach Schaden und stehen fest auf dem bösen Weg und scheuen kein Arges.

6 HERR, deine Güte reicht, soweit der Himmel ist, und deine Wahrheit, soweit die Wolken gehen.

7 Deine Gerechtigkeit steht wie die Berge Gottes und dein Recht wie eine große Tiefe. HERR, du hilfst Menschen und Vieh.

8 Wie teuer ist deine Güte, Gott, daß Menschenkinder unter dem Schatten deiner Flügel Zuflucht haben!

9 Sie werden trunken von den reichen Gütern deines Hauses, und du tränkest sie mit Wonne als mit einem Strom.

10 Denn bei dir ist die Quelle des Lebens, und in deinem Licht sehen wir das Licht.

11 Breite deine Güte über die, die dich kennen, und deine Gerechtigkeit über die Frommen.

12 Laß mich nicht von den Stolzen untertreten werden, und die Hand der Gottlosen stürze mich nicht;

13 sondern laß sie, die Übeltäter, daselbst fallen, daß sie verstoßen werden und nicht bleiben mögen.

Der 37. Psalm

*Das Glück der Gottlosen
soll den Frommen nicht zum Ärgernis gereichen.*

1 (Ein Psalm Davids.) Erzürne dich nicht über die Bösen; sei nicht neidisch auf die Übeltäter.

2 Denn wie das Gras werden sie bald abgehauen, und wie das grüne Kraut werden sie verwelken.

3 Hoffe auf den HERRN und tue Gutes; bleibe im Lande und nähre dich redlich.

4 Habe Deine Lust am HERRN; der wird dir geben, was dein Herz wünschet.

5 Befiehl dem HERRN deine Wege und hoffe auf ihn; er wird's wohl machen

6 und wird deine Gerechtigkeit hervorbringen wie das Licht und dein Recht wie den Mittag.

7 Sei stille dem HERRN und warte auf ihn; erzürne dich nicht über den, dem sein Mutwille glücklich fortgeht. [Entrüste dich nicht über den,

dessen Weg gelingt, über den Mann, der böse Pläne ausführt! (8)]

8 Steh ab vom Zorn und laß den Grimm, erzürne dich nicht, daß du nicht auch übel tust.

9 Denn die Bösen werden ausgerottet; die aber des HERRN harren, werden das Land erben.

10 Es ist noch um ein kleines, so ist der Gottlose nimmer; und wenn du nach seiner Stätte sehen wirst, wird er weg sein.

11 Aber die Elenden werden das Land erben und Lust haben in großem Frieden.

12 Der Gottlose droht dem Gerechten und beißt seine Zähne zusammen über ihn.

13 Aber der HERR lacht sein; denn er sieht, daß sein Tag kommt.

14 Die Gottlosen ziehen das Schwert aus und spannen ihren Bogen, daß sie fällen den Elenden und Armen und schlachten die Frommen.

15 Aber ihr Schwert wird in ihr Herz gehen, und ihr Bogen wird zerbrechen.

16 Das wenige, das ein Gerechter hat, ist besser als das große Gut vieler Gottlosen.

17 Denn der Gottlosen Arm wird zerbrechen; aber der HERR erhält die Gerechten.

18 Der HERR kennt die Tage der Frommen, und ihr Gut wird ewiglich bleiben.

19 Sie werden nicht zu Schanden in der bösen Zeit, und in der Teuerung werden sie genug haben.

20 Denn die Gottlosen werden umkommen;

und die Feinde des HERRN, wenn sie gleich sind wie köstliche Aue, werden sie doch vergehen, wie der Rauch vergeht.

21 Der Gottlose borgt und bezahlt nicht; der Gerechte aber ist barmherzig und gibt.

22 Denn seine Gesegneten erben das Land; aber seine Verfluchten werden ausgerottet.

23 Von dem HERRN wird solches Mannes Gang gefördert, und er hat Lust an seinem Wege.

24 Fällt er, so wird er nicht weggeworfen; denn der HERR hält ihn bei der Hand.

25 Ich bin jung gewesen und alt geworden und habe noch nie gesehen den Gerechten verlassen oder seinen Samen nach Brot gehen.

[Ich bin jung gewesen und alt geworden, doch hab' ich nie den Gerechten verlassen gesehn, noch seine Kinder betteln um Brot. (9)]

26 Er ist allezeit barmherzig und leiht gerne, und sein Same wird gesegnet sein.

27 Laß vom Bösen und tue Gutes und bleibe wohnen immerdar.

28 Denn der HERR hat das Recht lieb und verläßt seine Heiligen nicht; ewiglich werden sie bewahrt; aber der Gottlosen Same wird ausgerottet.

29 Die Gerechten erben das Land und bleiben ewiglich darin.

30 Der Mund des Gerechten redet die Weisheit, und seine Zunge lehrt das Recht.

31 Das Gesetz seines Gottes ist in seinem Herzen; seine Tritte gleiten nicht.

32 Der Gottlose lauert auf den Gerechten und gedenkt ihn zu töten.

33 Aber der HERR läßt ihn nicht in seinen Händen und verdammt ihn nicht, wenn er verurteilt wird.

34 Harre auf den HERRN und halte seinen Weg, so wird er dich erhöhen, daß du das Land erbest; du wirst es sehen, daß die Gottlosen ausgerottet werden.

35 Ich habe gesehen einen Gottlosen, der war trotzig und breitete sich aus und grünte wie ein Lorbeerbaum.

36 Da man vorüberging, siehe, da war er dahin; ich fragte nach ihm, da ward er nirgend gefunden.

37 Bleibe fromm und halte dich recht; denn solchem wird's zuletzt wohl gehen.

38 Die Übertreter aber werden vertilgt miteinander, und die Gottlosen werden zuletzt ausgerottet.

39 Aber der HERR hilft den Gerechten; der ist ihre Stärke in der Not.

40 Und der HERR wird ihnen beistehen und wird sie erretten; er wird sie von dem Gottlosen erretten und ihnen helfen; denn sie trauen auf ihn.

Der 38. Psalm

*Klage unter schwerer Heimsuchung
durch Leiden und Feindschaft. Bitte um Hilfe.*

1 (Ein Psalm Davids, zum Gedächtnis.)
2 HERR, strafe mich nicht in deinem Zorn und züchtige mich nicht in deinem Grimm.
3 Denn deine Pfeile stecken in mir, und deine Hand drückt mich.
4 Es ist nichts Gesundes an meinem Leibe vor deinem Drohen und ist kein Friede in meinen Gebeinen vor meiner Sünde.
5 Denn meine Sünden gehen über mein Haupt; wie eine schwere Last sind sie mir zu schwer geworden.
6 Meine Wunden stinken und eitern vor meiner Torheit.
7 Ich gehe krumm und sehr gebückt; den ganzen Tag gehe ich traurig.
8 Denn meine Lenden verdorren ganz, und ist nichts Gesundes an meinem Leibe.
9 Es ist mir gar anders denn zuvor, und ich bin sehr zerstoßen. Ich heule vor Unruhe meines Herzens.
10 HERR, vor dir ist alle meine Begierde, und mein Seufzen ist dir nicht verborgen.
11 Mein Herz bebt, meine Kraft hat mich verlassen, und das Licht meiner Augen ist nicht bei mir.
12 Meine Lieben und Freunde treten zurück

und scheuen meine Plage, und meine Nächsten stehen ferne.

13 Und die mir nach dem Leben trachten, stellen mir nach; und die mir übelwollen, reden, wie sie Schaden tun wollen, und gehen mit eitel Listen um.

14 Ich aber muß sein wie ein Tauber und nicht hören, und wie ein Stummer, der seinen Mund nicht auftut,

15 und muß sein wie einer, der nicht hört und der keine Widerrede in seinem Munde hat.

16 Aber ich harre, HERR, auf dich; du, HERR, mein Gott, wirst erhören.

17 Denn ich denke: Daß sie sich ja nicht über mich freuen! Wenn mein Fuß wankte, würden sie sich hoch rühmen wider mich.

18 Denn ich bin zu Leiden gemacht, und mein Schmerz ist immer vor mir.

19 Denn ich zeige meine Missetat an und sorge wegen meiner Sünde.

20 Aber meine Feinde leben und sind mächtig; die mich unbillig hassen, derer ist viel.

21 Und die mir Arges tun um Gutes, setzen sich wider mich, darum daß ich an dem Guten halte.

22 Verlaß mich nicht, HERR! Mein Gott, sei nicht ferne von mir!

23 Eile, mir beizustehen, HERR, meine Hilfe.

Der 39. Psalm

*Entschluß zum geduldigen Schweigen
im Blick auf die Hinfälligkeit des Menschen.
Bitte um göttlichen Trost.*

1 (Ein Psalm Davids, vorzusingen, für Jeduthun.)

2 Ich habe mir vorgesetzt: Ich will mich hüten, daß ich nicht sündige mit meiner Zunge. Ich will meinen Mund zäumen, weil ich muß den Gottlosen vor mir sehen.

3 Ich bin verstummt und still und schweige der Freuden und muß mein Leid in mich fressen.

4 Mein Herz ist entbrannt in meinem Leibe, und wenn ich daran gedenke, werde ich entzündet; ich rede mit meiner Zunge.

5 Aber, HERR, lehre mich doch, daß es ein Ende mit mir haben muß und mein Leben ein Ziel hat und ich davon muß.

6 Siehe, meiner Tage sind einer Hand breit bei dir, und mein Leben ist wie nichts vor dir. Wie gar nichts sind alle Menschen, die doch so sicher leben! (Sela.)

7 Sie gehen daher wie ein Schemen und machen sich viel vergebliche Unruhe; sie sammeln, und wissen nicht, wer es einnehmen wird.

8 Nun, HERR, wes soll ich mich trösten? Ich hoffe auf dich.

9 Errette mich von aller meiner Sünde und laß mich nicht den Narren ein Spott werden.

10 Ich will schweigen und meinen Mund nicht auftun; denn du hast's getan.

11 Wende deine Plage von mir; denn ich bin verschmachtet von der Strafe deiner Hand.

12 Wenn du einen züchtigst um der Sünde willen, so wird seine Schöne verzehrt wie von Motten. Ach wie gar nichts sind doch alle Menschen! (Sela.)

13 Höre mein Gebet, HERR, und vernimm mein Schreien und schweige nicht über meine Tränen; denn ich bin dein Pilger und dein Bürger wie alle meine Väter.

14 Laß ab von mir, daß ich mich erquicke, ehe ich denn hinfahre und nicht mehr hier sei.

Der 40. Psalm

Der gerettete Fromme opfert Gott Dank, Gehorsam und Bitte.

1 (Ein Psalm Davids, vorzusingen.)

2 Ich harrte des HERRN; und er neigte sich zu mir und hörte mein Schreien

3 und zog mich aus der grausamen Grube und aus dem Schlamm und stellte meine Füße auf einen Fels, daß ich gewiß treten kann;

4 und hat mir ein neues Lied in meinen Mund gegeben, zu loben unsern Gott. Das werden viele sehen und den HERRN fürchten und auf ihn hoffen.

5 Wohl dem, der seine Hoffnung setzt auf den HERRN und sich nicht wendet zu den Hoffärtigen und zu denen, die mit Lügen umgehen!

6 HERR, mein Gott, groß sind deine Wunder und deine Gedanken, die du an uns beweisest. Dir ist nichts gleich. Ich will sie verkündigen und davon sagen; aber sie sind nicht zu zählen.

7 Opfer und Speisopfer gefallen dir nicht; aber die Ohren hast du mir aufgetan. Du willst weder Brandopfer noch Sündopfer.

8 Da ich sprach: Siehe, ich komme; im Buch ist von mir geschrieben.

9 Deinen Willen, mein Gott, tue ich gern, und dein Gesetz habe ich in meinem Herzen.

10 Ich will predigen die Gerechtigkeit in der großen Gemeinde; siehe, ich will mir meinen Mund nicht stopfen lassen, HERR, das weißt du.

11 Deine Gerechtigkeit verberge ich nicht in meinem Herzen; von deiner Wahrheit und von deinem Heil rede ich; ich verhehle deine Güte und Treue nicht vor der großen Gemeinde.

12 Du aber, HERR, wollest deine Barmherzigkeit von mir nicht wenden; laß deine Güte und Treue allewege mich behüten.

13 Denn es hat mich umgeben Leiden ohne Zahl; es haben mich meine Sünden ergriffen, daß ich nicht sehen kann; ihrer ist mehr denn der Haare auf meinem Haupt, und mein Herz hat mich verlassen.

14 Laß dir's gefallen, HERR, daß du mich errettest; eile, HERR, mir zu helfen!

15 Schämen müssen sich und zu Schanden werden, die mir nach meiner Seele stehen, daß sie die umbringen; zurück müssen sie fallen und zu Schanden werden, die mir Übles gönnen.

[In Schmach und Schande sollen geraten alle, die mir nach dem Leben trachten, es sollen zurückweichen und sich schämen, die mein Unglück wollen. (10)]

16 Sie müssen in ihrer Schande erschrecken, die über mich schreien: "Da, da!"

17 Es müssen dein sich freuen und fröhlich sein alle, die nach dir fragen; und die dein Heil lieben, müssen sagen allewege: "Der HERR sei hoch gelobt!"

18 Denn ich bin arm und elend; der HERR aber sorgt für mich. Du bist mein Helfer und Erretter; mein Gott, verziehe nicht! [mein Gott, zögere nicht! (11)]

Der 41. Psalm

*Klage in Krankheit
über schadenfrohe Feinde
und treulose Freunde.*

1 (Ein Psalm Davids, vorzusingen.)

2 Wohl dem, der sich des Dürftigen annimmt! Den wird der HERR erretten zur bösen Zeit.

3 Der HERR wird ihn bewahren und beim Leben erhalten und es ihm lassen wohl gehen

auf Erden und wird ihn nicht geben in seiner Feinde Willen.

4 Der HERR wird ihn erquicken auf seinem Siechbette; du hilfst ihm von aller Krankheit.

5 Ich sprach: HERR, sei mir gnädig, heile meine Seele; denn ich habe an dir gesündigt.

6 Meine Feinde reden Arges gegen mich: "Wann wird er sterben und sein Name vergehen?"

7 Sie kommen, daß sie schauen, und meinen's doch nicht von Herzen; sondern suchen etwas, das sie lästern mögen, gehen hin und tragen's aus.

8 Alle, die mich hassen, raunen miteinander wider mich und denken Böses über mich.

9 Sie haben ein Bubenstück über mich beschlossen: "Wenn er liegt, soll er nicht wieder aufstehen."

10 Auch mein Freund, dem ich mich vertraute, der mein Brot aß, tritt mich unter die Füße.

11 Du aber, HERR, sei mir gnädig und hilf mir auf, so will ich sie bezahlen.

12 Dabei merke ich, daß du Gefallen an mir hast, daß mein Feind über mich nicht jauchzen wird.

13 Mich aber erhältst du um meiner Frömmigkeit willen und stellst mich vor dein Angesicht ewiglich.

14 Gelobet sei der HERR, der Gott Israels, von nun an bis in Ewigkeit! Amen, amen.

Zweites Buch

Der 42. Psalm

Sehnsucht nach dem Heiligtum im fremden Lande.

1 (Eine Unterweisung der Kinder Korah, vorzusingen.)

2 Wie der Hirsch schreit nach frischem Wasser, so schreit meine Seele, Gott, zu dir.

3 Meine Seele dürstet nach Gott, nach dem lebendigen Gott. Wann werde ich dahin kommen, daß ich Gottes Angesicht schaue?

4 Meine Tränen sind meine Speise Tag und Nacht, weil man täglich zu mir sagt: Wo ist nun dein Gott?

5 Wenn ich des innewerde, so schütte ich mein Herz aus bei mir selbst; denn ich wollte gerne hingehen mit dem Haufen und mit ihnen wallen zum Hause Gottes mit Frohlocken und Danken unter dem Haufen derer, die da feiern.

6 Was betrübst du dich, meine Seele, und bist so unruhig in mir? Harre auf Gott! denn ich werde ihm noch danken, daß er mir hilft mit seinem Angesicht.

7 Mein Gott, betrübt ist meine Seele in mir; darum gedenke ich an dich im Lande am Jordan und Hermonim, auf dem kleinen Berg.

8 Deine Fluten rauschen daher, daß hier eine Tiefe und da eine Tiefe brausen; alle deine Wasserwogen und Wellen gehen über mich.

9 Der HERR hat des Tages verheißen seine Güte, und des Nachts singe ich ihm und bete zu dem Gott meines Lebens.

10 Ich sage zu Gott, meinem Fels: Warum hast du mein vergessen? Warum muß ich so traurig gehen, wenn mein Feind mich drängt?

11 Es ist als ein Mord in meinen Gebeinen, daß mich meine Feinde schmähen, wenn sie täglich zu mir sagen: Wo ist nun dein Gott?

12 Was betrübst du dich, meine Seele, und bist so unruhig in mir? Harre auf Gott! denn ich werde ihm noch danken, daß er meines Angesichts Hilfe und mein Gott ist.

Der 43. Psalm

Fortsetzung

1 Richte mich, Gott, und führe meine Sache wider das unheilige Volk und errette mich von den falschen und bösen Leuten.

2 Denn du bist der Gott meine Stärke; warum verstößest du mich? Warum lässest du mich so traurig gehen, wenn mich mein Feind drängt?

3 Sende dein Licht und deine Wahrheit, daß sie mich leiten und bringen zu deinem heiligen Berg und zu deiner Wohnung,

4 daß ich hineingehe zum Altar Gottes, zu dem Gott, der meine Freude und Wonne ist, und dir, Gott, auf der Harfe danke, mein Gott.

5 Was betrübst du dich, meine Seele, und bist so unruhig in mir? Harre auf Gott! denn ich werde ihm noch danken, daß er meines Angesichts Hilfe und mein Gott ist.

Der 44. Psalm

Klage, daß Gott sein Volk verstoßen habe.

1 (Eine Unterweisung der Kinder Korah, vorzusingen.)
2 Gott, wir haben's mit unsern Ohren gehört, unsre Väter haben's uns erzählt, was du getan hast zu ihren Zeiten vor alters.
3 Du hast mit deiner Hand die Heiden vertrieben, aber sie hast du eingesetzt; du hast die Völker verderbt, aber sie hast du ausgebreitet.
4 Denn sie haben das Land nicht eingenommen durch ihr Schwert, und ihr Arm half ihnen nicht, sondern deine Rechte, dein Arm und das Licht deines Angesichts; denn du hattest Wohlgefallen an ihnen.
5 Du, Gott, bist mein König, der du Jakob Hilfe verheißest.
6 Durch dich wollen wir unsre Feinde zerstoßen; in deinem Namen wollen wir untertreten, die sich wider uns setzen.
7 Denn ich verlasse mich nicht auf meinen Bogen, und mein Schwert kann mir nicht helfen;

8 sondern du hilfst uns von unsern Feinden und machst zu Schanden, die uns hassen.

9 Wir wollen täglich rühmen von Gott und deinem Namen danken ewiglich. (Sela.)

10 Warum verstößest du uns denn nun und lässest uns zu Schanden werden und ziehst nicht aus unter unserm Heer?

11 Du lässest uns fliehen vor unserm Feind, daß uns berauben, die uns hassen.

12 Du lässest uns auffressen wie Schafe und zerstreuest uns unter die Heiden.

13 Du verkaufst dein Volk umsonst und nimmst nichts dafür.

14 Du machst uns zur Schmach unsern Nachbarn, zum Spott und Hohn denen, die um uns her sind.

15 Du machst uns zum Beispiel unter den Heiden und daß die Völker das Haupt über uns schütteln.

16 Täglich ist meine Schmach vor mir, und mein Antlitz ist voller Scham,

17 daß ich die Schänder und Lästerer hören und die Feinde und Rachgierigen sehen muß.

18 Dies alles ist über uns gekommen; und wir haben doch dein nicht vergessen noch untreu in deinem Bund gehandelt.

19 Unser Herz ist nicht abgefallen noch unser Gang gewichen von deinem Weg,

20 daß du uns so zerschlägst am Ort der Schakale und bedeckst uns mit Finsternis.

21 Wenn wir des Namens unsers Gottes

vergessen hätten und unsre Hände aufgehoben zum fremden Gott,

22 würde das Gott nicht finden? Er kennt ja unsers Herzens Grund.

23 Denn wir werden ja um deinetwillen täglich erwürgt und sind geachtet wie Schlachtschafe.

24 Erwecke dich, HERR! Warum schläfst Du? Wache auf und verstoße uns nicht so gar!

25 Warum verbirgst du dein Antlitz, vergissest unsers Elends und unsrer Drangsal?

26 Denn unsre Seele ist gebeugt zur Erde; unser Leib klebt am Erdboden.

27 Mache dich auf, hilf uns und erlöse uns um deiner Güte willen!

Der 45. Psalm

Loblied auf den Gesalbten Gottes und dessen Braut.

1 (Ein Brautlied und Unterweisung der Kinder Korah, von den Rosen, vorzusingen.)

2 Mein Herz dichtet ein feines Lied; ich will singen von meinem König; meine Zunge ist wie der Griffel eines guten Schreibers.

3 Du bist der Schönste unter den Menschenkindern, holdselig sind deine Lippen; darum segnet dich Gott ewiglich.

4 Gürte dein Schwert an deine Seite, du Held, und schmücke dich schön!

5 Es müsse dir gelingen in deinem Schmuck.

Zieh einher der Wahrheit zugut, und die Elenden bei Recht zu erhalten, so wird deine rechte Hand Wunder vollbringen.

6 Scharf sind deine Pfeile, daß die Völker vor dir niederfallen; sie dringen ins Herz der Feinde des Königs.

7 Gott, dein Stuhl bleibt immer und ewig; das Zepter deines Reiches ist ein gerades Zepter.

8 Du liebest die Gerechtigkeit und hassest gottlos Wesen; darum hat dich Gott, dein Gott, gesalbt mit Freudenöl mehr denn deine Gesellen.

9 Deine Kleider sind eitel Myrrhe, Aloe und Kassia, wenn du aus den elfenbeinernen Palästen dahertrittst in deiner schönen Pracht.

10 In deinem Schmuck gehen der Könige Töchter; die Braut steht zu deiner Rechten in eitel köstlichem Gold.

11 Höre, Tochter, sieh und neige deine Ohren; vergiß deines Volkes und Vaterhauses,

12 so wird der König Lust an deiner Schöne haben; denn er ist dein HERR, und ihn sollst du anbeten.

13 Die Tochter Tyrus wird mit Geschenk dasein; die Reichen im Volk werden vor dir flehen.

14 Des Königs Tochter drinnen ist ganz herrlich; sie ist mit goldenen Gewändern gekleidet.

15 Man führt sie in gestickten Kleidern zum König; und ihre Gespielen, die Jungfrauen, die

ihr nachgehen, führt man zu dir.

16 Man führt sie mit Freuden und Wonne, und sie gehen in des Königs Palast.

17 An deiner Väter Statt werden deine Söhne sein; die wirst du zu Fürsten setzen in aller Welt.

18 Ich will deines Namens gedenken von Kind zu Kindeskind; darum werden dir danken die Völker immer und ewiglich.

Der 46. Psalm

Ein' feste Burg ist unser Gott.

1 (Ein Lied der Kinder Korah, von der Jugend, vorzusingen.)

2 Gott ist unsre Zuversicht und Stärke. Eine Hilfe in den großen Nöten, die uns getroffen haben.

3 Darum fürchten wir uns nicht, wenngleich die Welt unterginge und die Berge mitten ins Meer sänken,

4 wenngleich das Meer wütete und wallte und von seinem Ungestüm die Berge einfielen. (Sela.)

5 Dennoch soll die Stadt Gottes fein lustig bleiben mit ihren Brünnlein, da die heiligen Wohnungen des Höchsten sind.

6 Gott ist bei ihr drinnen, darum wird sie fest bleiben; Gott hilft ihr früh am Morgen.

[5 Des Stromes Läufe erfreuen die Stadt Gottes, die heiligste der Wohnungen des Höchsten.

6 Gott ist in ihrer Mitte, sie wird nicht wanken; Gott wird ihr helfen früh am Morgen. (12)]

7 Die Heiden müssen verzagen und die Königreiche fallen; das Erdreich muß vergehen, wenn er sich hören läßt.

8 Der HERR Zebaoth ist mit uns; der Gott Jakobs ist unser Schutz. (Sela.)

9 Kommet her und schauet die Werke des HERRN, der auf Erden solch zerstören anrichtet,

10 der den Kriegen steuert in aller Welt, den Bogen zerbricht, Spieße zerschlägt und Wagen mit Feuer verbrennt.

11 Seid stille und erkennet, daß ich GOTT bin. Ich will Ehre einlegen unter den Heiden; ich will Ehre einlegen auf Erden.

12 Der HERR Zebaoth ist mit uns; der Gott Jakobs ist unser Schutz. (Sela.)

Der 47. Psalm

Gott ist König.

1 (Ein Psalm der Kinder Korah, vorzusingen.)

2 Frohlocket mit Händen, alle Völker, und jauchzet Gott mit fröhlichem Schall!

3 Denn der HERR, der Allerhöchste, ist erschrecklich, ein großer König auf dem ganzen Erdboden.

4 Er zwingt die Völker unter uns und die Leute unter unsre Füße.

5 Er erwählt uns unser Erbteil, die Herrlichkeit Jakobs, den er liebt. (Sela.)
6 Gott fährt auf mit Jauchzen und der HERR mit heller Posaune.
7 Lobsinget, lobsinget Gott; lobsinget, lobsinget unserm König!
8 Denn Gott ist König auf dem ganzen Erdboden; lobsinget ihm klüglich!
9 Gott ist König über die Heiden; Gott sitzt auf seinem heiligen Stuhl.
10 Die Fürsten unter den Völkern sind versammelt zu einem Volk des Gottes Abrahams; denn Gottes sind die Schilde auf Erden, er hat sie erhöht.

Der 48. Psalm

Freude Zions über Gottes Hilfe in Kriegsnot.

1 (Ein Psalmlied der Kinder Korah.)
2 Groß ist der HERR und hochberühmt in der Stadt unsers Gottes, auf seinem heiligen Berge.
3 Schön ragt empor der Berg Zion, des sich das ganze Land tröstet; an der Seite gegen Mitternacht liegt die Stadt des großen Königs.
3 Gott ist in ihren Palästen bekannt, daß er der Schutz sei.
4 Denn siehe, Könige waren versammelt und sind miteinander vorübergezogen.
5 Sie haben sich verwundert, da sie solches

sahen; sie haben sich entsetzt und sind davon gestürzt.

6 Zittern ist sie daselbst angekommen, Angst wie eine Gebärerin.

7 Du zerbrichst die Schiffe im Meer durch den Ostwind.

8 Wie wir gehört haben, so sehen wir's an der Stadt des HERRN Zebaoth, an der Stadt unsers Gottes; Gott erhält sie ewiglich. (Sela.)

9 Gott, wir gedenken deiner Güte in deinem Tempel.

10 Gott, wie dein Name, so ist auch dein Ruhm bis an der Welt Enden; deine Rechte ist voll Gerechtigkeit.

11 Es freue sich der Berg Zion, und die Töchter Juda's seien fröhlich um deiner Gerichte willen.

12 Machet euch um Zion und umfanget sie, zählet ihre Türme;

13 achtet mit Fleiß auf ihre Mauern, durchwandelt ihre Paläste, auf daß ihr davon verkündiget den Nachkommen,

14 daß dieser Gott sei unser Gott immer und ewiglich. Er führt uns wie die Jugend.

Der 49. Psalm

*Das Glück der Gottlosen
nimmt mit dem Tode ein Ende.*

1 (Ein Psalm der Kinder Korah, vorzusingen.)

2 Höret zu, alle Völker; merket auf, alle, die in dieser Zeit leben,

3 beide, gemeiner Mann und Herren, beide, reich und arm, miteinander!

4 Mein Mund soll von Weisheit reden und mein Herz von Verstand sagen.

5 Ich will einem Spruch mein Ohr neigen und kundtun mein Rätsel beim Klange der Harfe.

6 Warum sollte ich mich fürchten in bösen Tagen, wenn mich die Missetat meiner Untertreter umgibt,

7 die sich verlassen auf ihr Gut und trotzen auf ihren großen Reichtum?

8 Kann doch einen Bruder niemand erlösen noch ihn Gott versöhnen

9 (denn es kostet zuviel, eine Seele zu erlösen; man muß es anstehen lassen ewiglich),

10 daß er fortlebe immerdar und die Grube nicht sehe.

11 Denn man wird sehen, daß die Weisen sterben sowohl als die Toren und Narren umkommen und müssen ihr Gut andern lassen.

12 Das ist ihr Herz, daß ihre Häuser währen immerdar, ihre Wohnungen bleiben für und für; und haben große Ehre auf Erden.

13 Dennoch kann ein Mensch nicht bleiben in solchem Ansehen, sondern muß davon wie ein Vieh. [Der Mensch in seiner Pracht ist ohne Bestand, er gleicht dem Vieh, das verstummt. (13)]

14 Dies ihr Tun ist eitel Torheit; doch loben's ihre Nachkommen mit ihrem Munde. (Sela.)

15 Sie liegen in der Hölle wie Schafe, der Tod weidet sie; aber die Frommen werden gar bald über sie herrschen, und ihr Trotz muß vergehen; in der Hölle müssen sie bleiben.

16 Aber Gott wird meine Seele erlösen aus der Hölle Gewalt; denn er hat mich angenommen. (Sela.)

17 Laß dich's nicht irren, ob einer reich wird, ob die Herrlichkeit seines Hauses groß wird.

18 Denn er wird nichts in seinem Sterben mitnehmen, und seine Herrlichkeit wird ihm nicht nachfahren.

19 Er tröstet sich wohl dieses guten Lebens, und man preiset's, wenn einer sich gütlich tut;

20 aber doch fahren sie ihren Vätern nach und sehen das Licht nimmermehr.

21 Kurz, wenn ein Mensch in Ansehen ist und hat keinen Verstand, so fährt er davon wie ein Vieh.

Der 50. Psalm

Das wahre Dankopfer.

1 (Ein Psalm Asaphs.) Gott, der HERR, der Mächtige, redet und ruft der Welt vom Aufgang der Sonne bis zu ihrem Niedergang.

2 Aus Zion bricht an der schöne Glanz Gottes.

3 Unser Gott kommt und schweigt nicht. Fressend Feuer geht vor ihm her und um ihn her ist ein großes Wetter.

4 Er ruft Himmel und Erde, daß er sein Volk richte:

5 "Versammelt mir meine Heiligen, die den Bund mit mir gemacht haben beim Opfer."

6 Und die Himmel werden seine Gerechtigkeit verkündigen; denn Gott ist Richter. (Sela.)

7 "Höre, mein Volk, laß mich reden; Israel, laß mich unter dir zeugen: Ich, Gott, bin dein Gott.

8 Deines Opfers halber strafe ich dich nicht, sind doch deine Brandopfer immer vor mir.

9 Ich will nicht von deinem Hause Farren nehmen noch Böcke aus deinen Ställen.

10 Denn alle Tiere im Walde sind mein und das Vieh auf den Bergen, da sie bei tausend gehen.

11 Ich kenne alle Vögel auf den Bergen, und allerlei Tier auf dem Feld ist vor mir.

12 Wo mich hungerte, wollte ich dir nicht davon sagen; denn der Erdboden ist mein und alles, was darinnen ist.

13 Meinst du, daß ich Ochsenfleisch essen wolle oder Bocksblut trinken?

14 Opfere Gott Dank und bezahle dem Höchsten deine Gelübde

15 und rufe mich an in der Not, so will ich dich erretten, so sollst du mich preisen."

16 Aber zum Gottlosen spricht Gott: "Was verkündigst du meine Rechte und nimmst meinen Bund in deinen Mund,

17 so du doch Zucht hassest und wirfst meine Worte hinter dich?

18 Wenn du einen Dieb siehst, so läufst du mit ihm und hast Gemeinschaft mit den Ehebrechern.

19 Deinen Mund lässest du Böses reden, und deine Zunge treibt Falschheit.

20 Du sitzest und redest wider deinen Bruder; deiner Mutter Sohn verleumdest du.

21 Das tust du, und ich schweige; da meinst du, ich werde sein gleichwie du. Aber ich will dich strafen und will dir's unter Augen stellen.

22 Merket doch das, die ihr Gottes vergesset, daß ich nicht einmal hinraffe und sei kein Retter da.

23 Wer Dank opfert, der preiset mich; und da ist der Weg, daß ich ihm zeige das Heil Gottes."

Der 51. Psalm

Bußgebet Davids.

1 (Ein Psalm Davids, vorzusingen;

2 da der Prophet Nathan zu ihm kam, als er war zu Bath-Seba eingegangen.)

3 Gott, sei mir gnädig nach deiner Güte und tilge meine Sünden nach deiner großen Barmherzigkeit.

4 Wasche mich wohl von meiner Missetat und reinige mich von meiner Sünde.

5 Denn ich erkenne meine Missetat, und meine Sünde ist immer vor mir.

6 An dir allein habe ich gesündigt und übel vor dir getan, auf daß du recht behaltest in deinen Worten und rein bleibest, wenn du gerichtet wirst.

7 Siehe, ich bin in sündlichem Wesen geboren, und meine Mutter hat mich in Sünden empfangen.

8 Siehe, du hast Lust zur Wahrheit, die im Verborgenen liegt; du lässest mich wissen die heimliche Weisheit.

9 Entsündige mich mit Isop, daß ich rein werde; wasche mich, daß ich schneeweiß werde.

10 Laß mich hören Freude und Wonne, daß die Gebeine fröhlich werden, die du zerschlagen hast.

11 Verbirg dein Antlitz von meinen Sünden und tilge alle meine Missetaten.

12 Schaffe in mir, Gott, ein reines Herz und gib mir einen neuen, gewissen Geist.

13 Verwirf mich nicht von deinem Angesicht und nimm deinen heiligen Geist nicht von mir.

14 Tröste mich wieder mit deiner Hilfe, und mit einem freudigen Geist rüste mich aus.

15 Ich will die Übertreter deine Wege lehren, daß sich die Sünder zu dir bekehren.

16 Errette mich von den Blutschulden, Gott, der du mein Gott und Heiland bist, daß meine Zunge deine Gerechtigkeit rühme.

17 Herr, tue meine Lippen auf, daß mein Mund deinen Ruhm verkündige.

18 Denn du hast nicht Lust zum Opfer, ich wollte dir's sonst wohl geben, und Brandopfer gefallen dir nicht.

19 Die Opfer, die Gott gefallen, sind ein geängsteter Geist; ein geängstet und zerschlagen Herz wirst du, Gott, nicht verachten.

20 Tue wohl an Zion nach deiner Gnade; baue die Mauern zu Jerusalem.

21 Dann werden dir gefallen die Opfer der Gerechtigkeit, die Brandopfer und ganzen Opfer; dann wird man Farren auf deinem Altar opfern.

Der 52. Psalm

Des Frommen Trost beim Trotz des Verleumders.

1 (Eine Unterweisung Davids, vorzusingen;

2 da Doeg, der Edomiter, kam und sagte Saul an und sprach: David ist in Ahimelechs Haus gekommen.)

3 Was trotzest du denn, du Tyrann, daß du kannst Schaden tun; so doch Gottes Güte täglich währet? [Was rühmst du dich des Bösen, du Tyrann? Die Gnade Gottes ist den ganzen Tag da. (13)]

4 Deine Zunge trachtet nach Schaden und

schneidet mit Lügen wie ein scharfes Schermesser.

5 Du redest lieber Böses denn Gutes, und Falsches denn Rechtes. (Sela.)

6 Du redest gerne alles, was zu verderben dient, mit falscher Zunge.

7 Darum wird dich Gott auch ganz und gar zerstören und zerschlagen und aus deiner Hütte reißen und aus dem Lande der Lebendigen ausrotten. (Sela.)

8 Und die Gerechten werden es sehen und sich fürchten und werden sein lachen:

9 "Siehe, das ist der Mann, der Gott nicht für seinen Trost hielt, sondern verließ sich auf seinen großen Reichtum und war mächtig, Schaden zu tun."

10 Ich aber werde bleiben wie ein grüner Ölbaum im Hause Gottes, verlasse mich auf Gottes Güte immer und ewiglich.

11 Ich danke dir ewiglich, denn du kannst's wohl machen; ich will harren auf deinen Namen, denn deine Heiligen haben Freude daran.

Der 53. Psalm

Seufzen nach Erlösung aus dem allgemeinen Verderben der Menschen.

1 (Eine Unterweisung Davids, im Chor umeinander vorzusingen.)

2 Die Toren sprechen in ihrem Herzen: Es ist kein Gott. Sie taugen nichts und sind ein Gräuel geworden in ihrem bösen Wesen; da ist keiner, der Gutes tut.

3 Gott schaut vom Himmel auf der Menschen Kinder, daß er sehe, ob jemand klug sei, der nach Gott frage.

4 Aber sie sind alle abgefallen und allesamt untüchtig; da ist keiner, der Gutes tue, auch nicht einer.

5 Wollen denn die Übeltäter sich nicht sagen lassen, die mein Volk fressen, daß sie sich nähren? [Haben denn keine Erkenntnis, die Böses tun, die mein Volk fressen, als äßen sie Brot? (15)] Gott rufen sie nicht an.

6 Da fürchten sie sich aber, wo nichts zu fürchten ist; denn Gott zerstreut die Gebeine derer, die dich belagern. Du machst sie zu Schanden; denn Gott verschmäht sie.

7 Ach daß die Hilfe aus Zion über Israel käme und Gott sein gefangen Volk erlösete! So würde sich Jakob freuen und Israel fröhlich sein.

Der 54. Psalm

Gebet um Errettung.

1 (Eine Unterweisung Davids, vorzusingen, auf Saitenspiel;

2 da die von Siph kamen und sprachen zu Saul: David hat sich bei uns verborgen.)

3 Hilf mir, Gott, durch deinen Namen und schaffe mir Recht durch deine Gewalt.

4 Gott, erhöre mein Gebet, vernimm die Rede meines Mundes.

5 Denn Stolze setzen sich wider mich, und Trotzige stehen mir nach meiner Seele und haben Gott nicht vor Augen. (Sela.)

6 Siehe, Gott steht mir bei, der HERR erhält meine Seele.

7 Er wird die Bosheit meinen Feinden bezahlen. [Er wird das Böse zurücklenken auf meine Feinde. (16)] Verstöre sie durch deine Treue!

8 So will ich dir ein Freudenopfer tun und deinen Namen, HERR, danken, daß er so tröstlich ist.

9 Denn du errettest mich aus aller meiner Not, daß mein Auge an meinen Feinden Lust sieht.

Der 55. Psalm

Gebet wider die falschen Brüder. Trost in Gott.

1 (Eine Unterweisung Davids, vorzusingen, auf Saitenspiel.)

2 Gott, erhöre mein Gebet und verbirg dich nicht vor meinem Flehen.

3 Merke auf mich und erhöre mich, wie ich so kläglich zage und heule,

4 daß der Feind so schreit und der Gottlose drängt; denn sie wollen mir eine Tücke beweisen und sind mir heftig gram.

5 Mein Herz ängstet sich in meinem Leibe, und des Todes Furcht ist auf mich gefallen.

6 Furcht und Zittern ist mich angekommen, und Grauen hat mich überfallen.

7 Ich sprach: O hätte ich Flügel wie Tauben, da ich flöge und wo bliebe!

8 Siehe, so wollt ich ferne wegfliehen und in der Wüste bleiben. (Sela.)

9 Ich wollte eilen, daß ich entrönne vor dem Sturmwind und Wetter.

10 Mache ihre Zunge uneins, HERR, und laß sie untergehen; denn ich sehe Frevel und Hader in der Stadt.

11 Solches geht Tag und Nacht um und um auf ihren Mauern, und Mühe und Arbeit ist drinnen.

12 Schadentun regieret drinnen; Lügen und Trügen läßt nicht von ihrer Gasse.

13 Wenn mich doch mein Feind schändete, wollte ich's leiden; und wenn mein Hasser wider mich pochte, wollte ich mich vor ihm verbergen.

14 Du aber bist mein Geselle, mein Freund und mein Verwandter,

15 die wir freundlich miteinander waren unter uns; wir wandelten im Hause Gottes unter der Menge.

16 Der Tod übereile sie, daß sie lebendig in die Hölle fahren; denn es ist eitel Bosheit unter ihrem Haufen.

17 Ich aber will zu Gott rufen, und der HERR wird mir helfen.

18 Des Abends, Morgens und Mittags will ich klagen und heulen, so wird er meine Stimme hören.

19 Er erlöst meine Seele von denen, die an mich wollen, und schafft ihr Ruhe; denn ihrer viele sind wider mich.

20 Gott wird hören und sie demütigen, der allewege bleibt. (Sela.) Denn sie werden nicht anders und fürchten Gott nicht.

21 Sie legen ihre Hände an seine Friedsamen und entheiligen seinen Bund.

22 Ihr Mund ist glätter denn Butter, und sie haben Krieg im Sinn; ihre Worte sind gelinder denn Öl, und sind doch bloße Schwerter.

23 Wirf dein Anliegen auf den HERRN; der wird dich versorgen und wird den Gerechten nicht ewiglich in Unruhe lassen.

24 Aber, Gott, du wirst sie hinunterstoßen in die tiefe Grube: die Blutgierigen und Falschen werden ihr Leben nicht zur Hälfte bringen. Ich aber hoffe auf dich.

Der 56. Psalm

Gebet um Trost in der Verfolgung.

1 (Ein gülden Kleinod Davids, von der stummen

Taube unter den Fremden, da ihn die Philister griffen zu Gath.)

2 Gott, sei mir gnädig, denn Menschen schnauben wider mich; täglich streiten sie und ängsten mich.

3 Meine Feinde schnauben täglich; denn viele streiten stolz wider mich.

4 Wenn ich mich fürchte, so hoffe ich auf dich.

5 Ich will Gottes Namen rühmen; auf Gott will ich hoffen und mich nicht fürchten; was sollte mir Fleisch tun?

6 Täglich fechten sie meine Worte an; all ihre Gedanken sind, daß sie mir Übel tun.

7 Sie halten zuhauf und lauern und haben acht auf meine Fersen, wie sie meine Seele erhaschen.

8 Sollten sie mit ihrer Bosheit entrinnen? Gott, stoße solche Leute ohne alle Gnade hinunter!

9 Zähle die Wege meiner Flucht; fasse meine Tränen in deinen Krug. Ohne Zweifel, du zählst sie.

10 Dann werden sich meine Feinde müssen zurückkehren, wenn ich rufe; so werde ich inne, daß du mein Gott bist.

11 Ich will rühmen Gottes Wort; ich will rühmen des HERRN Wort.

12 Auf Gott hoffe ich und fürchte mich nicht; was können mir die Menschen tun?

13 Ich habe dir, Gott, gelobt, daß ich dir danken will;

14 denn du hast meine Seele vom Tode errettet, meine Füße vom Gleiten, daß ich wandle vor Gott im Licht der Lebendigen.

Der 57. Psalm

Gebet Davids um Hilfe. Preis der Güte Gottes.

1 (Ein gülden Kleinod Davids, vorzusingen, daß er nicht umkäme, da er vor Saul floh in die Höhle.)
2 Sei mir gnädig, Gott, sei mir gnädig! denn auf dich traut meine Seele, und unter dem Schatten deiner Flügel habe ich Zuflucht, bis daß das Unglück vorübergehe.
3 Ich rufe zu Gott, dem Allerhöchsten, zu Gott, der meines Jammers ein Ende macht.
4 Er sendet vom Himmel und hilft mir von der Schmähung des, der wider mich schnaubt. (Sela.) Gott sendet seine Güte und Treue.
5 Ich liege mit meiner Seele unter den Löwen; die Menschenkinder sind Flammen, ihre Zähne sind Spieße und Pfeile und ihre Zungen scharfe Schwerter.
6 Erhebe dich, Gott, über den Himmel, und deine Ehre über alle Welt.
7 Sie stellen meinem Gang Netze und drücken meine Seele nieder; sie graben vor mir eine Grube, und fallen selbst hinein. (Sela.)

8 Mein Herz ist bereit, Gott, mein Herz ist bereit, daß ich singe und lobe.

9 Wache auf, meine Ehre, wache auf, Psalter und Harfe! Mit der Frühe will ich aufwachen.

10 HERR, ich will dir danken unter den Völkern; ich will dir lobsingen unter den Leuten.

11 Denn deine Güte ist, soweit der Himmel ist, und deine Wahrheit, soweit die Wolken gehen.

12 Erhebe dich, Gott, über den Himmel, und deine Ehre über alle Welt.

Der 58. Psalm

Gott ist noch Richter auf Erden.

1 (Ein gülden Kleinod Davids, vorzusingen, daß er nicht umkäme.)

2 Seid ihr denn stumm, daß ihr nicht reden wollt, was recht ist, und richten, was gleich ist, ihr Menschenkinder?

3 Ja, mutwillig tut ihr Unrecht im Lande und gehet stracks durch, mit euren Händen zu freveln.

4 Die Gottlosen sind verkehrt von Mutterschoß an; die Lügner irren von Mutterleib an.

5 Ihr Wüten ist gleichwie das Wüten einer Schlange, wie die taube Otter, die ihr Ohr zustopft,

6 daß sie nicht höre die Stimme des Zauberers, des Beschwörers, der wohl beschwören kann.

7 Gott, zerbrich ihre Zähne in ihrem Maul; zerstoße, HERR, das Gebiß der jungen Löwen!

8 Sie werden zergehen wie Wasser, das dahinfließt. Sie zielen mit ihren Pfeilen; aber dieselben zerbrechen.

9 Sie vergehen wie die Schnecke verschmachtet; wie eine unzeitige Geburt eines Weibes sehen sie die Sonne nicht.

10 Ehe eure Dornen reif werden am Dornstrauch, wird sie ein Zorn so frisch wegreißen.

11 Der Gerechte wird sich freuen, wenn er solche Rache sieht, und wird seine Füße baden in des Gottlosen Blut,

12 daß die Leute werden sagen: Der Gerechte wird ja seiner Frucht genießen; es ist ja noch Gott Richter auf Erden. [Und die Leute werden sagen: Der Gerechte empfängt doch seine Frucht; es gibt doch einen Gott, der richtet auf Erden! (17)]

Der 59. Psalm

*Gebet um Beistand Gottes
gegen boshafte Nachstellungen.*

1 (Ein gülden Kleinod Davids, daß er nicht umkäme, da Saul hinsandte und ließ sein Haus verwahren, daß er ihn tötete.)

2 Errette mich, mein Gott, von meinen Feinden und schütze mich vor denen, die sich wider mich setzen.

3 Errette mich von den Übeltätern und hilf mir von den Blutgierigen.

4 Denn siehe, HERR, sie lauern auf meine Seele; die Starken sammeln sich wider mich ohne meine Schuld und Missetat.

5 Sie laufen ohne meine Schuld und bereiten sich. Erwache und begegne mir und siehe drein.

6 Du, HERR, Gott Zebaoth, Gott Israels, wache auf und suche heim alle Heiden; sei der keinem gnädig, die so verwegene Übeltäter sind. (Sela.)

7 Des Abends heulen sie wiederum wie die Hunde und laufen in der Stadt umher.

8 Siehe, sie plaudern miteinander; Schwerter sind in ihren Lippen: "Wer sollte es hören?"

9 Aber du, HERR, wirst ihrer lachen und aller Heiden spotten.

10 Vor ihrer Macht halte ich mich zu dir; [Angesichts ihrer Macht will ich auf dich harren (18)] denn Gott ist mein Schutz.

11 Gott erzeigt mir reichlich seine Güte; Gott läßt mich meine Lust sehen an meinen Feinden.

12 Erwürge sie nicht, daß es mein Volk nicht vergesse; zerstreue sie aber mit deiner Macht, HERR, unser Schild, und stoße sie hinunter!

13 Das Wort ihrer Lippen ist eitel Sünde, darum müssen sie gefangen werden in ihrer Hoffart; denn sie reden eitel Fluchen und Lügen.

14 Vertilge sie ohne alle Gnade; vertilge sie, daß sie nichts seien und innewerden, daß Gott Herrscher sei in Jakob, in aller Welt. (Sela.)

15 Des Abends heulen sie wiederum wie die Hunde und laufen in der Stadt umher.

16 Sie laufen hin und her um Speise und murren, wenn sie nicht satt werden.

17 Ich aber will von deiner Macht singen und des Morgens rühmen deine Güte; denn du bist mir Schutz und Zuflucht in meiner Not.

18 Ich will dir, mein Hort, lobsingen; denn du, Gott, bist mein Schutz und mein gnädiger Gott.

Der 60. Psalm

Gebet in Kriegszeiten.

1 (Ein gülden Kleinod Davids, vorzusingen; von der Rose des Zeugnisses, zu lehren;

2 da er gestritten hatte mit den Syrern zu Mesopotamien und mit den Syrern von Zoba; da Joab umkehrte und schlug der Edomiter im Salztal zwölftausend.)

3 Gott, der du uns verstoßen und zerstreut hast und zornig warst, tröste uns wieder.

2 Der du die Erde bewegt und zerrissen hast, heile ihre Brüche, die so zerschellt ist.

3 Denn du hast deinem Volk Hartes erzeigt; du hast uns einen Trunk Weins gegeben, daß wir taumelten;

4 du hast aber doch ein Panier gegeben denen, die dich fürchten, welches sie aufwarfen und das sie sicher machte. (Sela.)

5 Auf daß deine Lieben erledigt werden, hilf mit deiner Rechten und erhöre uns.

6 Gott redete in seinem Heiligtum, des bin ich froh, und will teilen Sichem und abmessen das Tal Sukkoth.

7 Gilead ist mein, mein ist Manasse, Ephraim ist die Macht meines Hauptes, Juda ist mein Zepter,

8 Moab ist mein Waschbecken, meinen Schuh strecke ich über Edom, Philistäa jauchzt mir zu.

9 Wer will mich führen in die feste Stadt? Wer geleitet mich bis nach Edom?

10 Wirst du es nicht tun, Gott, der du uns verstößest und ziehest nicht aus, Gott, mit unserm Heer?

11 Schaffe uns Beistand in der Not; denn Menschenhilfe ist nichts nütze.

12 Mit Gott wollen wir Taten tun. Er wird unsre Feinde untertreten.

Der 61. Psalm

Gebet des bedrängten Königs.

1 (Ein Psalm Davids, vorzusingen, auf Saitenspiel.)

2 Höre, Gott, mein Schreien und merke auf mein Gebet!

3 Hienieden auf Erden rufe ich zu dir, wenn mein Herz in Angst ist, du wollest mich führen auf einen hohen Felsen.

4 Denn du bist meine Zuversicht, ein starker Turm vor meinen Feinden.

5 Laß mich wohnen in deiner Hütte ewiglich und Zuflucht haben unter deinen Fittichen. (Sela.)

6 Denn du, Gott, hörst mein Gelübde; du belohnst die wohl, die deinen Namen fürchten.

7 Du wollest dem König langes Leben geben, daß seine Jahre währen immer für und für,

8 daß er immer bleibe vor Gott. Erzeige ihm Güte und Treue, die ihn behüten.

9 So will ich deinem Namen lobsingen ewiglich, daß ich meine Gelübde bezahle täglich.

Der 62. Psalm

Stille Hoffnung zu Gott. Nichtigkeit der Menschen.

1 (Ein Psalm Davids für Jeduthun, vorzusingen.)

2 Meine Seele sei stille zu Gott, der mir hilft.

3 Denn er ist mein Hort, meine Hilfe, mein Schutz, daß mich kein Fall stürzen wird, wie groß er ist. [Er allein ist mein Fels und meine Hilfe, meine Burg, nie werde ich wanken. (19)]

4 Wie lange stellt ihr alle einem nach, daß ihr ihn erwürget - als eine hängende Wand und zerrissene Mauer?

5 Sie denken nur, wie sie ihn dämpfen, fleißigen sich der Lüge; geben gute Worte, aber im Herzen fluchen sie. (Sela.)

6 Aber sei nur stille zu Gott, meine Seele; denn er ist meine Hoffnung.

7 Er ist mein Hort, meine Hilfe und mein Schutz, daß ich nicht fallen werde.

8 Bei Gott ist mein Heil, meine Ehre, der Fels meiner Stärke; meine Zuversicht ist auf Gott.

9 Hoffet auf ihn allezeit, liebe Leute, schüttet euer Herz vor ihm aus; Gott ist unsre Zuversicht. (Sela.)

10 Aber Menschen sind ja nichts, große Leute fehlen auch; [Nur Hauch sind die Menschen, Trug die Sterblichen. (20)] sie wiegen weniger denn nichts, so viel ihrer ist.

11 Verlasset euch nicht auf Unrecht und Frevel, haltet euch nicht zu solchem, das eitel ist; fällt euch Reichtum zu, so hänget das Herz nicht daran.

12 Gott hat ein Wort geredet, das habe ich etlichemal gehört: daß Gott allein mächtig ist.

13 Und du, HERR, bist gnädig und bezahlst einem jeglichen, wie er's verdient.

Der 63. Psalm

Sehnsucht nach Gott in seinem Heiligtum.

1 (Ein Psalm Davids, da er war in der Wüste Juda.)

2 Gott, du bist mein Gott; frühe wache ich zu dir. Es dürstet meine Seele nach dir; mein Fleisch verlangt nach dir in einem trockenen und dürren Land, wo kein Wasser ist.

3 Daselbst sehe ich nach dir in deinem Heiligtum, wollte gerne schauen deine Macht und Ehre.

4 Denn deine Güte ist besser denn Leben; meine Lippen preisen dich.

5 Daselbst wollte ich dich gerne loben mein Leben lang und meine Hände in deinem Namen aufheben.

6 Das wäre meines Herzens Freude und Wonne, wenn ich dich mit fröhlichem Munde loben sollte.

7 Wenn ich mich zu Bette lege, so denke ich an dich; wenn ich erwache, so rede ich von dir.

8 Denn du bist mein Helfer, und unter dem Schatten deiner Flügel frohlocke ich.

9 Meine Seele hanget dir an; deine rechte Hand erhält mich.

10 Sie aber stehen nach meiner Seele, mich zu überfallen; sie werden unter die Erde hinunterfahren.

11 Sie werden ins Schwert fallen und den Füchsen zuteil werden.

12 Aber der König freut sich in Gott. Wer bei ihm schwört, wird gerühmt werden; denn die Lügenmäuler sollen verstopft werden.

Der 64. Psalm

Gebet Davids
um göttlichen Schutz gegen Verleumder.

1 (Ein Psalm Davids, vorzusingen.)

2 Höre, Gott, meine Stimme in meiner Klage; behüte mein Leben vor dem grausamen Feinde.

3 Verbirg mich vor der Versammlung der Bösen, vor dem Haufen der Übeltäter,

4 welche ihre Zunge schärfen wie ein Schwert, die mit giftigen Worten zielen wie mit Pfeilen,

5 daß sie heimlich schießen die Frommen; plötzlich schießen sie auf ihn ohne alle Scheu.

6 Sie sind kühn mit ihren bösen Anschlägen und sagen, wie sie Stricke legen wollen, und sprechen: Wer kann sie sehen?

7 Sie erdichten Schalkheit und halten's heimlich, sind verschlagen und haben geschwinde Ränke.

8 Aber Gott wird sie plötzlich schießen, daß es ihnen wehe tun wird.

9 Ihre eigene Zunge wird sie fällen, daß ihrer spotten wird, wer sie sieht.

10 Und alle Menschen werden sich fürchten und sagen: "Das hat Gott getan!" und merken, daß es sein Werk sei.

11 Die Gerechten werden sich des HERRN freuen und auf ihn trauen, und alle frommen Herzen werden sich des rühmen.

Der 65. Psalm

Danklied des Volkes
für geistlichen und leiblichen Segen.

1 (Ein Psalm Davids, ein Lied, vorzusingen.)

2 Gott, man lobt dich in der Stille zu Zion, und dir bezahlt man Gelübde.

3 Du erhörst Gebet; darum kommt alles Fleisch zu dir.

4 Unsre Missetat drückt uns hart; du wollest unsre Sünden vergeben.

5 Wohl dem, den du erwählst und zu dir lässest, daß er wohne in deinen Höfen; der hat reichen Trost von deinem Hause, deinem heiligen Tempel.

6 Erhöre uns nach der wunderbaren Gerechtigkeit, Gott, unser Heil, der du bist Zuversicht aller auf Erden und ferne am Meer;

7 der die Berge fest setzt in seiner Kraft und gerüstet ist mit Macht;

8 der du stillest das Brausen des Meers, das Brausen seiner Wellen und das Toben der Völker,

9 daß sich entsetzen, die an den Enden wohnen, vor deinen Zeichen. Du machst fröhlich, was da webet, gegen Morgen und gegen Abend.

[Darum fürchten sich die Bewohner der Enden der Erde vor deinen Zeichen, die Pforten des Morgens und Abends lässt du jubeln. (21)]

10 Du suchst das Land heim und wässerst es und machst es sehr reich. Gottes Brünnlein hat Wassers die Fülle. Du läßt ihr Getreide wohl geraten; denn also bauest du das Land.

11 Du tränkest seine Furchen und feuchtest sein Gepflügtes; mit Regen machst du es weich und segnest sein Gewächs.

12 Du krönst das Jahr mit deinem Gut, und deine Fußtapfen triefen von Fett.

13 Die Weiden in der Wüste sind auch fett, daß sie triefen, und die Hügel sind umher lustig.

14 Die Anger sind voll Schafe, und die Auen stehen dick mit Korn, daß man jauchzet und singet.

Der 66. Psalm

Dank gegen Gott
für die wunderbare Führung des Volkes.

1 (Ein Psalmlied, vorzusingen.) Jauchzet Gott, alle Lande!

2 Lobsinget zu Ehren seinem Namen; rühmet ihn herrlich!

3 Sprechet zu Gott: "Wie wunderbar sind deine Werke! es wird deinen Feinden fehlen vor deiner großen Macht.

4 Alles Land bete dich an und lobsinge dir, lobsinge deinem Namen." (Sela.)

5 Kommet her und sehet an die Werke Gottes, der so wunderbar ist in seinem Tun unter den Menschenkindern.

6 Er verwandelt das Meer ins Trockene, daß man zu Fuß über das Wasser ging; dort freuten wir uns sein.

7 Er herrscht mit seiner Gewalt ewiglich; seine Augen schauen auf die Völker. Die Abtrünnigen werden sich nicht erhöhen können. (Sela.)

8 Lobet, ihr Völker, unsern Gott; lasset seinen Ruhm weit erschallen,

9 der unsre Seelen im Leben erhält und läßt unsre Füße nicht gleiten.

10 Denn, Gott, du hast uns versucht und geläutert wie das Silber geläutert wird;

11 du hast uns lassen in den Turm werfen; du hast auf unsere Lenden eine Last gelegt;

12 du hast Menschen lassen über unser Haupt fahren; wir sind in Feuer und Wasser gekommen: aber du hast uns ausgeführt und erquickt.

13 Darum will ich mit Brandopfern gehen in dein Haus und dir meine Gelübde bezahlen,

14 wie ich meine Lippen habe aufgetan und mein Mund geredet hat in meiner Not.

15 Ich will dir Brandopfer bringen von feisten Schafen samt dem Rauch von Widdern; ich will opfern Rinder mit Böcken. (Sela.)

16 Kommet her, höret zu alle, die ihr Gott fürchtet; ich will erzählen, was er an meiner Seele getan hat.

17 Zu ihm rief ich mit meinem Munde, und pries ihn mit meiner Zunge.

18 Wo ich Unrechtes vorhätte in meinem Herzen, so würde der HERR nicht hören;

19 aber Gott hat mich erhört und gemerkt auf mein Flehen.

20 Gelobt sei Gott, der mein Gebet nicht verwirft noch seine Güte von mir wendet.

Der 67. Psalm

Preis des göttlichen Segens über alle Völker.

1 (Ein Psalmlied, vorzusingen, auf Saitenspiel.)

2 Gott sei uns gnädig und segne uns; er lasse uns sein Antlitz leuchten (Sela),

3 daß man auf Erden erkenne seinen Weg, unter allen Heiden sein Heil.

4 Es danken dir, Gott, die Völker; es danken dir alle Völker.

5 Die Völker freuen sich und jauchzen, daß du

die Leute recht richtest und regierest die Leute auf Erden. (Sela.)

6 Es danken dir, Gott, die Völker; es danken dir alle Völker.

7 Das Land gibt sein Gewächs. Es segne uns Gott, unser Gott.

8 Es segne uns Gott, und alle Welt fürchte ihn!

Der 68. Psalm

Siegeslied.

1 (Ein Psalmlied Davids, vorzusingen.)

2 Es stehe Gott auf, daß seine Feinde zerstreut werden, und die ihn hassen, vor ihm fliehen.

3 Vertreibe sie, wie der Rauch vertrieben wird; wie das Wachs zerschmilzt vom Feuer, so müssen umkommen die Gottlosen vor Gott.

4 Die Gerechten aber müssen sich freuen und fröhlich sein vor Gott und von Herzen sich freuen.

5 Singet Gott, lobsinget seinem Namen! Machet Bahn dem, der durch die Wüste herfährt - er heißt HERR - und freuet euch vor ihm,

6 der ein Vater ist der Waisen und ein Richter der Witwen. Er ist Gott in seiner heiligen Wohnung,

7 ein Gott, der den Einsamen das Haus voll Kinder gibt, der die Gefangenen ausführt zu

rechter Zeit und läßt die Abtrünnigen bleiben in der Dürre.

8 Gott, da du vor deinem Volk her zogst, da du einhergingst in der Wüste (Sela),

9 da bebte die Erde, und die Himmel troffen vor Gott, dieser Sinai vor dem Gott, der Israels Gott ist.

10 Du gabst, Gott, einen gnädigen Regen; und dein Erbe, das dürre war, erquicktest du,

11 daß deine Herde darin wohnen könne. Gott, du labtest die Elenden mit deinen Gütern.

12 Der HERR gab das Wort mit großen Scharen Evangelisten:

13 "Die Könige der Heerscharen flohen eilends, und die Hausehre teilte den Raub aus.

14 Wenn ihr zwischen den Hürden laget, so glänzte es wie der Taube Flügel, die wie Silber und Gold schimmern.

15 Als der Allmächtige die Könige im Lande zerstreute, da ward es helle, wo es dunkel war."

16 Ein Gebirge Gottes ist das Gebirge Basans; ein großes Gebirge ist das Gebirge Basans.

17 Was seht ihr scheel, ihr großen Gebirge, auf den Berg, da Gott Lust hat zu wohnen? Und der HERR bleibt auch immer daselbst.

18 Der Wagen Gottes sind vieltausendmal tausend; der HERR ist unter ihnen am heiligen Sinai.

19 Du bist in die Höhe gefahren und hast das Gefängnis gefangen; du hast Gaben empfangen

für die Menschen, auch die Abtrünnigen, auf daß Gott der HERR daselbst wohne.

20 Gelobet sei der HERR täglich. Gott legt uns eine Last auf; aber er hilft uns auch. (Sela.)

21 Wir haben einen Gott, der da hilft, und den Herrn HERRN, der vom Tode errettet.

22 Ja, Gott wird den Kopf seiner Feinde zerschmettern, den Haarschädel derer, die da fortfahren in ihrer Sünde.

23 Der HERR hat gesagt: "Aus Basan will ich dich wieder holen, aus der Tiefe des Meeres will ich sie holen,

24 daß dein Fuß in der Feinde Blut gefärbt werde und deine Hunde es lecken."

25 Man sieht, Gott, wie du einherziehst, wie du, mein Gott und König, einherziehst im Heiligtum.

26 Die Sänger gehen vorher, die Spielleute unter den Jungfrauen, die da pauken:

27 "Lobet Gott den HERRN in den Versammlungen, ihr vom Brunnen Israels!"

28 Da herrscht unter ihnen der kleine Benjamin, die Fürsten Juda's mit ihren Haufen, die Fürsten Sebulons, die Fürsten Naphthalis.

29 Dein Gott hat dein Reich aufgerichtet; das wollest du, Gott, uns stärken, denn es ist dein Werk.

30 Um deines Tempels willen zu Jerusalem werden dir die Könige Geschenke zuführen.

31 Schilt das Tier im Rohr, die Rotte der Ochsen mit ihren Kälbern, den Völkern, die da zertreten um Geldes willen. Er zerstreut die Völker, die da

gerne kriegen. [Schelte das Tier im Schilf, die Rotte der starken Stiere samt den Kälbern der Völker, damit sie sich unterwerfen und Silberbarren als Tribut bringen! Zerstreue die Völker, die gerne Krieg führen! (22)]

32 Die Fürsten aus Ägypten werden kommen; Mohrenland wird seine Hände ausstrecken zu Gott.

33 Ihr Königreiche auf Erden, singet Gott, lobsinget dem HERRN (Sela),

34 dem, der da fährt im Himmel allenthalben von Anbeginn! Siehe, er wird seinem Donner Kraft geben.

35 Gebet Gott die Macht! Seine Herrlichkeit ist über Israel, und seine Macht in den Wolken.

36 Gott ist wundersam in seinem Heiligtum. Er ist Gott Israels; er wird dem Volk Macht und Kraft geben. Gelobt sei Gott!

Der 69. Psalm

Der Knecht des Herrn im tiefsten Leiden.

1 (Ein Psalm Davids, von den Rosen, vorzusingen.)

2 Gott, hilf mir; denn das Wasser geht mir bis an die Seele.

3 Ich versinke im tiefen Schlamm, da kein Grund ist; ich bin im tiefen Wasser, und die Flut will mich ersäufen.

4 Ich habe mich müde geschrieen, mein Hals ist heiser; das Gesicht vergeht mir, daß ich so lange muß harren auf meinen Gott.

5 Die mich ohne Ursache hassen, deren ist mehr, denn ich Haare auf dem Haupt habe. Die mir unbillig feind sind und mich verderben, sind mächtig. Ich muß bezahlen, was ich nicht geraubt habe.

6 Gott, du weißt meine Torheit, und meine Schulden sind nicht verborgen.

7 Laß nicht zu Schanden werden an mir, die dein harren, HERR HERR Zebaoth! Laß nicht schamrot werden an mir, die dich suchen, Gott Israels!

8 Denn um deinetwillen trage ich Schmach; mein Angesicht ist voller Schande.

9 Ich bin fremd geworden meinen Brüdern und unbekannt meiner Mutter Kindern.

10 Denn der Eifer um dein Haus hat mich gefressen; und die Schmähungen derer, die dich schmähen, sind auf mich gefallen.

11 Und ich weine und faste bitterlich; und man spottet mein dazu.

12 Ich habe einen Sack angezogen; aber sie treiben Gespött mit mir.

13 Die im Tor sitzen, schwatzen von mir, und in den Zechen singt man von mir.

14 Ich aber bete, HERR, zu dir zur angenehmen Zeit; Gott, durch deine große Güte erhöre mich mit deiner treuen Hilfe.

15 Errette mich aus dem Kot, daß ich nicht versinke; daß ich errettet werde von meinen Hassern und aus dem tiefen Wasser;

16 daß mich die Wasserflut nicht ersäufe und die Tiefe nicht verschlinge und das Loch der Grube nicht über mich zusammengehe.

17 Erhöre mich, HERR, denn dein Güte ist tröstlich; wende dich zu mir nach deiner großen Barmherzigkeit

18 und verbirg dein Angesicht nicht vor deinem Knechte, denn mir ist angst; erhöre mich eilend.

19 Mache dich zu meiner Seele und erlöse sie; erlöse mich um meiner Feinde willen.

20 Du weißt meine Schmach, Schande und Scham; meine Widersacher sind alle vor dir.

21 Die Schmach bricht mir mein Herz und kränkt mich. Ich warte, ob es jemand jammere - aber da ist niemand - und auf Tröster - aber ich finde keine.

22 Und sie geben mir Galle zu essen und Essig zu trinken in meinem großen Durst.

23 Ihr Tisch werde vor ihnen zum Strick, zur Vergeltung und zu einer Falle.

24 Ihre Augen müssen finster werden, daß sie nicht sehen, und ihre Lenden laß immer wanken.

25 Gieße deine Ungnade auf sie, und dein grimmiger Zorn ergreife sie.

26 Ihre Wohnung müsse wüst werden, und sei niemand, der in ihren Hütten wohne.

27 Denn sie verfolgen, den du geschlagen hast, und rühmen, daß du die Deinen übel schlagest.

28 Laß sie in eine Sünde über die andere fallen, daß sie nicht kommen zu deiner Gerechtigkeit.

29 Tilge sie aus dem Buch der Lebendigen, daß sie mit den Gerechten nicht angeschrieben werden.

30 Ich aber bin elend, und mir ist wehe. Gott, deine Hilfe schütze mich!

31 Ich will den Namen Gottes loben mit einem Lied und will ihn hoch ehren mit Dank.

32 Das wird dem HERRN besser gefallen denn ein Farre, der Hörner und Klauen hat.

33 Die Elenden sehen's und freuen sich; und die Gott suchen, denen wird das Herz leben.

34 Denn der HERR hört die Armen und verachtet seine Gefangenen nicht.

35 Es lobe ihn Himmel, Erde und Meer und alles, was sich darin regt.

36 Denn Gott wird Zion helfen und die Städte Juda's bauen, daß man daselbst wohne und sie besitze.

37 Und der Same seiner Knechte wird sie ererben, und die seinen Namen lieben, werden darin bleiben.

Der 70. Psalm

Bitte Davids um Hilfe gegen seine Feinde.

1 (Ein Psalm Davids, vorzusingen, zum Gedächtnis.)

2 Eile, Gott, mich zu erretten, HERR, mir zu helfen!

3 Es müssen sich schämen und zu Schanden werden, die nach meiner Seele stehen; sie müssen zurückkehren und gehöhnt werden, die mir Übles wünschen,

4 daß sie müssen wiederum zu Schanden werden, die da über mich schreien: "Da, da!"

5 Sich freuen und fröhlich müssen sein an dir, die nach dir fragen, und die dein Heil lieben, immer sagen: Hoch gelobt sei Gott!

6 Ich aber bin elend und arm. Gott, eile zu mir, denn du bist mein Helfer und Erretter; mein Gott verziehe nicht! [HERR, zögere nicht! (22)]

Der 71. Psalm

Gebet um Gottes Gnade bei herannahendem Alter.

1 HERR, ich traue auf dich; laß mich nimmermehr zu Schanden werden.

2 Errette mich durch deine Gerechtigkeit und hilf mir aus; neige deine Ohren zu mir und hilf mir!

3 Sei mir ein starker Hort, dahin ich immer fliehen möge, der du zugesagt hast mir zu helfen; denn du bist mein Fels und meine Burg.

4 Mein Gott, hilf mir aus der Hand der Gottlosen, aus der Hand des Ungerechten und Tyrannen.

5 Denn du bist meine Zuversicht, HERR HERR, meine Hoffnung von meiner Jugend an.

6 Auf dich habe ich mich verlassen von Mutterleibe an; du hast mich aus meiner Mutter Leib gezogen. Mein Ruhm ist immer von dir. [Dir gilt mein Lobpreis allezeit. (24)]

7 Ich bin vor vielen wie ein Wunder; aber du bist meine starke Zuversicht.

8 Laß meinen Mund deines Ruhmes und deines Preises voll sein täglich.

9 Verwirf mich nicht in meinem Alter; verlaß mich nicht, wenn ich schwach werde.

10 Denn meine Feinde reden wider mich, und die auf meine Seele lauern, beraten sich miteinander

11 und sprechen: "Gott hat ihn verlassen; jaget nach und ergreifet ihn, denn da ist kein Erretter."

12 Gott, sei nicht ferne von mir; mein Gott, eile, mir zu helfen!

13 Schämen müssen sich und umkommen, die meiner Seele zuwider sind; mit Schande und Hohn müssen sie überschüttet werden, die mein Unglück suchen.

14 Ich aber will immer harren und will immer deines Ruhmes mehr machen.

15 Mein Mund soll verkündigen deine Gerechtigkeit, täglich deine Wohltaten, die ich nicht alle zählen kann.

16 Ich gehe einher in der Kraft des HERRN HERRN; ich preise deine Gerechtigkeit allein.

17 Gott, du hast mich von Jugend auf gelehrt, und bis hierher verkündige ich deine Wunder.

18 Auch verlaß mich nicht, Gott, im Alter, wenn ich grau werde, bis ich deinen Arm verkündige Kindeskindern und deine Kraft allen, die noch kommen sollen.

19 Gott, deine Gerechtigkeit ist hoch, der du große Dinge tust. Gott, wer ist dir gleich?

20 Denn du lässest mich erfahren viele und große Angst und machst mich wieder lebendig und holst mich wieder aus der Tiefe der Erde herauf.

21 Du machst mich sehr groß und tröstest mich wieder.

22 So danke ich auch dir mit Psalterspiel für deine Treue, mein Gott; ich lobsinge dir auf der Harfe, du Heiliger in Israel.

23 Meine Lippen und meine Seele, die du erlöst hast, sind fröhlich und lobsingen dir.

24 Auch dichtet meine Zunge täglich von deiner Gerechtigkeit; denn schämen müssen sich und zu Schanden werden, die mein Unglück suchen.

Der 72. Psalm

Loblied auf den großen Friedensfürsten und sein Reich.

1 (Des Salomo.) Gott, gib dein Gericht dem König und deine Gerechtigkeit des Königs Sohne,

2 daß er dein Volk richte mit Gerechtigkeit und deine Elenden rette.

3 Laß die Berge den Frieden bringen unter das Volk und die Hügel die Gerechtigkeit.

4 Er wird das elende Volk bei Recht erhalten und den Armen helfen und die Lästerer zermalmen.

5 Man wird dich fürchten, solange die Sonne und der Mond währt, von Kind zu Kindeskindern.

6 Er wird herabfahren wie der Regen auf die Aue, wie die Tropfen, die das Land feuchten.

7 Zu seinen Zeiten wird erblühen der Gerechte und großer Friede, bis daß der Mond nimmer sei.

8 Er wird herrschen von einem Meer bis ans andere und von dem Strom an bis zu der Welt Enden.

9 Vor ihm werden sich neigen die in der Wüste, und seine Feinde werden Staub lecken.

10 Die Könige zu Tharsis und auf den Inseln werden Geschenke bringen; die Könige aus Reicharabien und Seba werden Gaben zuführen.

11 Alle Könige werden ihn anbeten; alle Heiden werden ihm dienen.

12 Denn er wird den Armen erretten, der da schreit, und den Elenden, der keinen Helfer hat.

13 Er wird gnädig sein den Geringen und Armen, und den Seelen der Armen wird er helfen.

14 Er wird ihre Seele aus dem Trug und Frevel erlösen, und ihr Blut wird teuer geachtet werden vor ihm.

15 Er wird leben, und man wird ihm von Gold aus Reicharabien geben. Und man wird immerdar für ihn beten; täglich wird man ihn segnen.

16 Auf Erden, oben auf den Bergen, wird das Getreide dick stehen; seine Frucht wird rauschen wie der Libanon, und sie werden grünen wie das Gras auf Erden.

17 Sein Name wird ewiglich bleiben; solange die Sonne währt, wird sein Name auf die Nachkommen reichen, und sie werden durch denselben gesegnet sein; alle Heiden werden ihn preisen.

18 Gelobet sei Gott der HERR, der Gott Israels, der allein Wunder tut;

19 und gelobet sei sein herrlicher Name ewiglich; und alle Lande müssen seiner Ehre voll werden! Amen, amen.

20 Ein Ende haben die Gebete Davids, des Sohnes Isais.

Drittes Buch

Der 73. Psalm

*Anfechtung und Trost des Frommen
beim Glück der Gottlosen.*

1 (Ein Psalm Asaphs.) Israel hat dennoch Gott zum Trost, wer nur reines Herzens ist.

2 Ich aber hätte schier gestrauchelt mit meinen Füßen; mein Tritt wäre beinahe geglitten.

3 Denn es verdroß mich der Ruhmredigen, da ich sah, daß es den Gottlosen so wohl ging.

4 Denn sie sind in keiner Gefahr des Todes, sondern stehen fest wie ein Palast.

5 Sie sind nicht in Unglück wie andere Leute und werden nicht wie andere Menschen geplagt.

6 Darum muß ihr Trotzen köstlich Ding sein, und ihr Frevel muß wohl getan heißen.

7 Ihre Person brüstet sich wie ein fetter Wanst; sie tun, was sie nur gedenken.

8 Sie achten alles für nichts und reden übel davon und reden und lästern hoch her.

9 Was sie reden, das muß vom Himmel herab geredet sein; was sie sagen, das muß gelten auf Erden.

10 Darum fällt ihnen ihr Pöbel zu und laufen ihnen zu mit Haufen wie Wasser [Darum wendet das Volk sich ihnen zu und schlürft das Wasser (ihrer Lehren) in vollen Zügen. (25)]

11 und sprechen: "Was sollte Gott nach jenen fragen? Was sollte der Höchste ihrer achten?"

12 Siehe, das sind die Gottlosen; die sind glücklich in der Welt und werden reich.

13 Soll es denn umsonst sein, daß mein Herz unsträflich lebt und ich meine Hände in Unschuld wasche,

14 ich bin geplagt täglich, und meine Strafe ist alle Morgen da?

15 Ich hätte auch schier so gesagt wie sie; aber siehe, damit hätte ich verdammt alle meine Kinder, die je gewesen sind.

16 Ich dachte ihm nach, daß ich's begreifen möchte; aber es war mir zu schwer,

17 bis daß ich ging in das Heiligtum Gottes und merkte auf ihr Ende.

18 Ja, du setzest sie aufs Schlüpfrige und stürzest sie zu Boden.

19 Wie werden sie so plötzlich zunichte! Sie gehen unter und nehmen ein Ende mit Schrecken.

20 Wie ein Traum, wenn einer erwacht, so machst du, HERR, ihr Bild in der Stadt verschmäht.

21 Da es mir wehe tat im Herzen und mich stach in meine Nieren,

22 da war ich ein Narr und wußte nichts; ich war wie ein Tier vor dir.

23 Dennoch bleibe ich stets an dir; denn du hältst mich bei meiner rechten Hand,

24 du leitest mich nach deinem Rat und nimmst mich endlich in Ehren an.

25 Wenn ich nur dich habe, so frage ich nichts nach Himmel und Erde.

26 Wenn mir gleich Leib und Seele verschmachtet, so bist du doch, Gott, allezeit meines Herzens Trost und mein Teil.

27 Denn siehe, die von dir weichen, werden umkommen; du bringest um, alle die von dir abfallen.

28 Aber das ist meine Freude, daß ich mich zu Gott halte und meine Zuversicht setzte auf den HERRN HERRN, daß ich verkündige all dein Tun.

Der 74. Psalm

Gebet um Hilfe
bei schrecklicher Verwüstung des Heiligtums.

1 (Eine Unterweisung Asaphs.) Gott, warum verstößest du uns so gar und bist so grimmig zornig über die Schafe deiner Weide?

2 Gedenke an deine Gemeinde, die du vor alters erworben und dir zum Erbteil erlöst hast, an den Berg Zion, darauf du wohnest.

3 Hebe deine Schritte zum dem, was so lange wüst liegt. Der Feind hat alles verderbt im Heiligtum.

4 Deine Widersacher brüllen in deinen Häusern und setzen ihre Götzen darein.

5 Man sieht die Äxte obenher blinken, wie man in einen Wald haut;

6 sie zerhauen alle seine Tafelwerke mit Beil und Barte.

7 Sie verbrennen dein Heiligtum; sie entweihen und werfen zu Boden die Wohnung deines Namens.

8 Sie sprechen in ihrem Herzen; "Laßt uns sie plündern!" Sie verbrennen alle Häuser Gottes im Lande.

9 Unsere Zeichen sehen wir nicht, und kein Prophet predigt mehr, und keiner ist bei uns, der weiß, wie lange.

10 Ach Gott, wie lange soll der Widersacher schmähen und der Feind deinen Namen so gar verlästern?

11 Warum wendest du deine Hand ab? Ziehe von deinem Schoß dein Rechte und mache ein Ende.

12 Gott ist ja mein König von alters her, der alle Hilfe tut, die auf Erden geschieht.

13 Du zertrennst das Meer durch dein Kraft und zerbrichst die Köpfe der Drachen im Wasser.

14 Du zerschlägst die Köpfe der Walfische und gibst sie zur Speise dem Volk in der Einöde.

15 Du lässest quellen Brunnen und Bäche; du läßt versiegen starke Ströme.

16 Tag und Nacht ist dein; du machst, daß Sonne und Gestirn ihren gewissen Lauf haben.

17 Du setzest einem jeglichen Lande seine Grenze; Sommer und Winter machst du.

18 So gedenke doch des, daß der Feind den HERRN schmäht und ein töricht Volk lästert deinen Namen.

19 Du wollest nicht dem Tier geben die Seele deiner Turteltaube, und der Herde deiner Elenden nicht so gar vergessen.

20 Gedenke an den Bund; denn das Land ist allenthalben jämmerlich verheert, und die Häuser sind zerrissen.

21 Laß den Geringen nicht in Schanden davongehen; laß die Armen und Elenden rühmen deinen Namen.

22 Mache dich auf, Gott, und führe aus deine Sache; gedenke an die Schmach, die dir täglich von den Toren widerfährt.

23 Vergiß nicht des Geschreis deiner Feinde; das Toben deiner Widersacher wird je länger, je größer.

Der 75. Psalm

Dank für Gottes Gericht über die Stolzen.

1 (Ein Psalm und Lied Asaphs, daß er nicht umkäme, vorzusingen.)

2 Wir danken dir, Gott, wir danken dir und verkündigen deine Wunder, daß dein Name so nahe ist.

3 "Denn zu seiner Zeit, so werde ich recht richten.

4 Das Land zittert und alle, die darin wohnen; aber ich halte seine Säulen fest." (Sela.)

5 Ich sprach zu den Ruhmredigen: Rühmet nicht so! und zu den Gottlosen: Pochet nicht auf Gewalt!

6 pochet nicht so hoch auf eure Gewalt, redet nicht halsstarrig,

7 es habe keine Not, weder vom Anfang noch vom Niedergang noch von dem Gebirge in der Wüste.

8 Denn Gott ist Richter, der diesen erniedrigt und jenen erhöht.

9 Denn der HERR hat einen Becher in der Hand und mit starkem Wein voll eingeschenkt und schenkt aus demselben; aber die Gottlosen müssen alle trinken und die Hefen aussaufen.

10 Ich aber will verkündigen ewiglich und lobsingen dem Gott Jakobs.

11 "Und will alle Gewalt der Gottlosen zerbrechen, daß die Gewalt des Gerechten erhöht werde."

Der 76. Psalm

Preis des himmlischen Richters.

1 (Ein Psalmlied Asaphs, auf Saitenspiel, vorzusingen.)

2 Gott ist in Juda bekannt; in Israel ist sein Name herrlich.

3 Zu Salem ist sein Gezelt, und seine Wohnung zu Zion.

4 Daselbst zerbricht er die Pfeile des Bogens, Schild, Schwert und Streit. (Sela.)

5 Du bist herrlicher und mächtiger denn die Raubeberge.

6 Die Stolzen müssen beraubt werden und entschlafen, und alle Krieger müssen die Hand lassen sinken.

7 Von deinem Schelten, Gott Jakobs, sinkt in Schlaf Roß und Wagen.

8 Du bist erschrecklich. Wer kann vor dir stehen, wenn du zürnest?

9 Wenn du das Urteil lässest hören vom Himmel, so erschrickt das Erdreich und wird still,

10 wenn Gott sich aufmacht zu richten, daß er helfe allen Elenden auf Erden. (Sela.)

11 Wenn Menschen wider dich wüten, so legst du Ehre ein; und wenn sie noch mehr wüten, bist du auch noch gerüstet.

12 Gelobet und haltet dem HERRN, eurem Gott; alle, die ihr um ihn her seid, bringet Geschenke dem Schrecklichen,

13 der den Fürsten den Mut nimmt und schrecklich ist unter den Königen auf Erden.

Der 77. Psalm

Seufzen in schwerer Not;
Trost aus Gottes früherer Barmherzigkeit
gegen sein Volk.

1 (Ein Psalm Asaphs für Jeduthun, vorzusingen.)
2 Ich schreie mit meiner Stimme zu Gott; zu Gott schreie ich, und er erhört mich.
3 In der Zeit der Not suche ich den HERRN; meine Hand ist des Nachts ausgereckt und läßt nicht ab; denn meine Seele will sich nicht trösten lassen.
4 Wenn ich betrübt bin, so denke ich an Gott; wenn mein Herz in ängsten ist, so rede ich. (Sela.)
5 Meine Augen hältst du, daß sie wachen; ich bin so ohnmächtig, daß ich nicht reden kann.
6 Ich denke der alten Zeit, der vorigen Jahre.
7 Ich denke des Nachts an mein Saitenspiel und rede mit meinem Herzen; mein Geist muß forschen.
8 Wird denn der HERR ewiglich verstoßen und keine Gnade mehr erzeigen?
9 Ist's denn ganz und gar aus mit seiner Güte, und hat die Verheißung ein Ende?
10 Hat Gott vergessen, gnädig zu sein, und seine Barmherzigkeit vor Zorn verschlossen? (Sela.)
11 Aber doch sprach ich: Ich muß das leiden;

die rechte Hand des Höchsten kann alles ändern.

12 Darum gedenke ich an die Taten des HERRN; ja, ich gedenke an deine vorigen Wunder

13 und rede von allen deinen Werken und sage von deinem Tun.

14 Gott, dein Weg ist heilig. Wo ist so ein mächtiger Gott, als du, Gott, bist?

15 Du bist der Gott, der Wunder tut; du hast deine Macht bewiesen unter den Völkern.

16 Du hast dein Volk erlöst mit Macht, die Kinder Jakobs und Josephs. (Sela.)

17 Die Wasser sahen dich, Gott, die Wasser sahen dich und ängsteten sich, und die Tiefen tobten.

18 Die dicken Wolken gossen Wasser, die Wolken donnerten, und die Strahlen fuhren daher.

19 Es donnerte im Himmel, deine Blitze leuchteten auf dem Erdboden; das Erdreich regte sich und bebte davon.

20 Dein Weg war im Meer und dein Pfad in großen Wassern, und man spürte doch deinen Fuß nicht.

21 Du führtest dein Volk wie eine Herde Schafe durch Mose und Aaron.

Der 78. Psalm

*Die Treue Gottes
in der Führung seines ungehorsamen Volkes.*

1 (Eine Unterweisung Asaphs.) Höre, mein Volk, mein Gesetz; neigt eure Ohren zu der Rede meines Mundes!

2 Ich will meinen Mund auftun zu Sprüchen und alte Geschichten aussprechen,

3 die wir gehört haben und wissen und unsre Väter uns erzählt haben,

4 daß wir's nicht verhalten sollten ihren Kindern, die hernach kommen, und verkündigten den Ruhm des HERRN und seine Macht und seine Wunder, die er getan hat.

5 Er richtete ein Zeugnis auf in Jakob und gab ein Gesetz in Israel, das er unsern Vätern gebot zu lehren ihre Kinder,

6 auf daß es die Nachkommen lernten und die Kinder, die noch sollten geboren werden; wenn sie aufkämen, daß sie es auch ihren Kinder verkündigten,

7 daß sie setzten auf Gott ihre Hoffnung und nicht vergäßen der Taten Gottes und seine Gebote hielten

8 und nicht würden wie ihre Väter, eine abtrünnige und ungehorsame Art, welchen ihr Herz nicht fest war und ihr Geist nicht treulich hielt an Gott,

9 wie die Kinder Ephraim, die geharnischt den Bogen führten, abfielen zur Zeit des Streits.

10 Sie hielten den Bund Gottes nicht und wollten nicht in seinem Gesetz wandeln

11 und vergaßen seiner Taten und seiner Wunder, die er ihnen erzeigt hatte.

12 Vor ihren Vätern tat er Wunder in Ägyptenland, im Felde Zoan.

13 Er zerteilte das Meer und ließ sie hindurchgehen und stellte das Wasser wie eine Mauer.

14 Er leitete sie des Tages mit einer Wolke und des Nachts mit einem hellen Feuer.

15 Er riß die Felsen in der Wüste und tränkte sie mit Wasser die Fülle

16 und ließ Bäche aus den Felsen fließen, daß sie hinabflossen wie Wasserströme.

17 Dennoch sündigten sie weiter gegen ihn und erzürnten den Höchsten in der Wüste

18 und versuchten Gott in ihrem Herzen, daß sie Speise forderten für ihre Seelen,

19 und redeten gegen Gott und sprachen: "Ja, Gott sollte wohl können einen Tisch bereiten in der Wüste?

20 Siehe, er hat wohl den Felsen geschlagen, daß Wasser flossen und Bäche sich ergossen; aber wie kann er Brot geben und seinem Volke Fleisch verschaffen?"

21 Da nun das der HERR hörte, entbrannte er, und Feuer ging an in Jakob, und Zorn kam über Israel,

22 daß sie nicht glaubten an Gott und hofften nicht auf seine Hilfe.

23 Und er gebot den Wolken droben und tat auf die Türen des Himmels

24 und ließ das Man auf sie regnen, zu essen, und gab ihnen Himmelsbrot.

25 Sie aßen Engelbrot; er sandte ihnen Speise die Fülle.

26 Er ließ wehen den Ostwind unter dem Himmel und erregte durch seine Stärke den Südwind

27 und ließ Fleisch auf sie regnen wie Staub und Vögel wie Sand am Meer

28 und ließ sie fallen unter ihr Lager allenthalben, da sie wohnten.

29 Da aßen sie und wurden allzu satt; er ließ sie ihre Lust büßen.

30 Da sie nun ihre Lust gebüßt hatten und noch davon aßen,

31 da kam der Zorn Gottes über sie und erwürgte die Vornehmsten unter ihnen und schlug darnieder die Besten in Israel.

32 Aber über das alles sündigten sie noch mehr und glaubten nicht an seine Wunder.

33 Darum ließ er sie dahinsterben, daß sie nichts erlangten und mußten ihr Leben lang geplagt sein.

34 Wenn er sie erwürgte, suchten sie ihn und kehrten sich zu Gott

35 und gedachten, daß Gott ihr Hort ist und Gott der Höchste ihr Erlöser ist,

36 und heuchelten mit ihrem Munde und logen ihm mit ihrer Zunge;

37 aber ihr Herz war nicht fest an ihm, und hielten nicht treulich an seinem Bund.

38 Er aber war barmherzig und vergab die Missetat und vertilgte sie nicht und wandte oft seinen Zorn ab und ließ nicht seinen ganzen Zorn gehen.

39 Denn er gedachte, daß sie Fleisch sind, ein Wind, der dahinfährt und nicht wiederkommt.

40 Wie oft erzürnten sie ihn in der Wüste und entrüsteten ihn in der Einöde!

41 Sie versuchten Gott immer wieder und meisterten den Heiligen in Israel.

42 Sie gedachten nicht an seine Hand des Tages, da er sie erlöste von den Feinden;

43 wie er denn seine Zeichen in Ägypten getan hatte und seine Wunder im Lande Zoan;

44 da er ihr Wasser in Blut wandelte, daß sie ihre Bäche nicht trinken konnten;

45 da er Ungeziefer unter sie schickte, daß sie fraß, und Frösche, die sie verderbten,

46 und gab ihre Gewächse den Raupen und ihre Saat den Heuschrecken;

47 da er ihre Weinstöcke mit Hagel schlug und ihre Maulbeerbäume mit Schloßen;

48 da er ihr Vieh schlug mit Hagel und ihre Herden mit Wetterstrahlen;

49 da er böse Engel unter sie sandte in seinem grimmigen Zorn und ließ sie toben und wüten und Leid tun;

50 da er seinen Zorn ließ fortgehen und ihre Seele vor dem Tode nicht verschonte und übergab ihr Leben der Pestilenz;

51 da er alle Erstgeburt in Ägypten schlug, die Erstlinge ihrer Kraft in den Hütten Hams,

52 und ließ sein Volk ausziehen wie die Schafe und führte sie wie eine Herde in der Wüste.

53 Und leitete sie sicher, daß sie sich nicht fürchteten; aber ihre Feinde bedeckte das Meer.

54 Und er brachte sie zu seiner heiligen Grenze, zu diesem Berge, den seine Rechte erworben hat,

55 und vertrieb vor ihnen her die Völker und ließ ihnen das Erbe austeilen und ließ in jener Hütten die Stämme Israels wohnen.

56 Aber sie versuchten und erzürnten Gott den Höchsten und hielten ihre Zeugnisse nicht

57 und fielen zurück und verachteten alles wie ihre Väter und hielten nicht, gleichwie ein loser Bogen,

58 und erzürnten ihn mit ihren Höhen und reizten ihn mit ihren Götzen.

59 Und da das Gott hörte, entbrannte er und verwarf Israel ganz,

60 daß er seine Wohnung zu Silo ließ fahren, die Hütte, da er unter Menschen wohnte,

61 und gab seine Macht ins Gefängnis und seine Herrlichkeit in die Hand des Feindes

62 und übergab sein Volk ins Schwert und entbrannte über sein Erbe.

63 Ihre junge Mannschaft fraß das Feuer, und ihre Jungfrauen mußten ungefreit bleiben.

64 Ihre Priester fielen durchs Schwert, und waren keine Witwen, die da weinen sollten.

65 Und der HERR erwachte wie ein Schlafender, wie ein Starker jauchzt, der vom Wein kommt,

66 und schlug seine Feinde zurück und hängte ihnen ewige Schande an.

67 Und er verwarf die Hütte Josephs und erwählte nicht den Stamm Ephraim,

68 sondern erwählte den Stamm Juda, den Berg Zion, welchen er liebte.

69 Und baute sein Heiligtum hoch, wie die Erde, die ewiglich fest stehen soll.

70 Und erwählte seinen Knecht David und nahm ihn von den Schafställen;

71 von den säugenden Schafen holte er ihn, daß er sein Volk Jakob weiden sollte und sein Erbe Israel.

72 Und er weidete sie auch mit aller Treue und regierte mit allem Fleiß.

Der 79. Psalm

Klage wider die Zerstörer Jerusalems.

1 (Ein Psalm Asaphs.) Gott, es sind Heiden in dein Erbe gefallen; die haben deinen heiligen Tempel verunreinigt und aus Jerusalem Steinhaufen gemacht.

2 Sie haben die Leichname deiner Knechte den Vögeln zu fressen gegeben und das Fleisch deiner Heiligen den Tieren im Lande.

3 Sie haben Blut vergossen um Jerusalem her wie Wasser; und war niemand, der begrub.

4 Wir sind unsern Nachbarn eine Schmach geworden, ein Spott und Hohn denen, die um uns sind.

5 HERR, wie lange willst du so gar zürnen und deinen Eifer wie Feuer brennen lassen?

6 Schütte deinen Grimm auf die Heiden, die dich nicht kennen, und auf die Königreiche, die deinen Namen nicht anrufen.

7 Denn sie haben Jakob aufgefressen und seine Häuser verwüstet.

8 Gedenke nicht unsrer vorigen Missetaten; erbarme dich unser bald, denn wir sind sehr dünn geworden.

9 Hilf du uns, Gott, unser Helfer, um deines Namens Ehre willen; errette uns und vergib uns unsre Sünden um deines Namens willen!

10 Warum lässest du die Heiden sagen: "Wo ist nun ihr Gott?" Laß unter den Heiden vor unsern Augen kund werden die Rache des Blutes deiner Knechte, das vergossen ist.

11 Laß vor dich kommen das Seufzen der Gefangenen; nach deinem großen Arm erhalte die Kinder des Todes

12 und vergilt unsern Nachbarn siebenfältig in ihren Busen ihr Schmähen, damit sie dich, HERR, geschmäht haben.

13 Wir aber, dein Volk und Schafe deiner Weide, werden dir danken ewiglich und verkündigen deinen Ruhm für und für.

Der 80. Psalm

*Gebet um Erhaltung Israels
als des Weinstocks Gottes.*

1 (Ein Psalm und Zeugnis Asaphs, von den Rosen, vorzusingen.)
2 Du Hirte Israels, höre, der du Joseph hütest wie Schafe; erscheine, der du sitzest über dem Cherubim!
3 Erwecke deine Gewalt, der du vor Ephraim, Benjamin und Manasse bist, und komm uns zu Hilfe!
4 Gott, tröste uns und laß leuchten dein Antlitz; so genesen wir.
5 HERR, Gott Zebaoth, wie lange willst du zürnen bei dem Gebet deines Volkes?
6 Du speisest sie mit Tränenbrot und tränkest sie mit großem Maß voll Tränen.
7 Du setzest uns unsre Nachbarn zum Zank, und unsre Feinde spotten unser.
8 Gott Zebaoth, tröste uns, laß leuchten dein Antlitz; so genesen wir.
9 Du hast einen Weinstock aus Ägypten geholt und hast vertrieben die Heiden und denselben gepflanzt.

10 Du hast vor ihm die Bahn gemacht und hast ihn lassen einwurzeln, daß er das Land erfüllt hat.

11 Berge sind mit seinem Schatten bedeckt und mit seinen Reben die Zedern Gottes.

12 Du hast sein Gewächs ausgebreitet bis an das Meer und seine Zweige bis an den Strom.

13 Warum hast du denn seinen Zaun zerbrochen, daß ihn zerreißt, alles, was vorübergeht?

14 Es haben ihn zerwühlt die wilden Säue, und die wilden Tiere haben ihn verderbt.

15 Gott Zebaoth, wende dich doch, schaue vom Himmel und sieh an und suche heim diesen Weinstock

16 und halt ihn im Bau, den deine Rechte gepflanzt hat und den du dir fest erwählt hast.

17 Siehe drein und schilt, daß des Brennens und Reißens ein Ende werde.

18 Deine Hand schütze das Volk deiner Rechten und die Leute, die du dir fest erwählt hast;

19 so wollen wir nicht von dir weichen. Laß uns leben, so wollen wir deinen Namen anrufen.

20 HERR, Gott Zebaoth, tröste uns, laß dein Antlitz leuchten; so genesen wir.

Der 81. Psalm

Die wahre Festfeier.

1 (Auf der Gittith, vorzusingen, Asaphs.)

2 Singet fröhlich Gott, der unsre Stärke ist; jauchzt dem Gott Jakobs!

3 Hebet an mit Psalmen und gebet her die Pauken, liebliche Harfen mit Psalter!

4 Blaset im Neumond die Posaune, in unserm Fest der Laubhütten!

5 Denn solches ist die Weise in Israel und ein Recht des Gottes Jakobs.

6 Solche hat er zum Zeugnis gesetzt unter Joseph, da sie aus Ägyptenland zogen und fremde Sprache gehört hatten,

7 da ich ihre Schulter von der Last entledigt hatte und ihre Hände der Körbe los wurden.

8 Da du mich in der Not anriefst, half ich dir aus; ich erhörte dich, da dich das Wetter überfiel, und versuchte dich am Haderwasser. (Sela.)

9 Höre, mein Volk, ich will unter dir zeugen; Israel, du sollst mich hören,

10 daß unter dir kein anderer Gott sei und du keinen fremden Gott anbetest.

11 Ich bin der HERR, dein Gott, der dich aus Ägyptenland geführt hat: Tue deinen Mund weit auf, laß mich ihn füllen!

12 Aber mein Volk gehorcht nicht meiner Stimme, und Israel will mich nicht.

13 So habe ich sie gelassen in ihres Herzens Dünkel, daß sie wandeln nach ihrem Rat.

14 Wollte mein Volk mir gehorsam sein und Israel auf meinem Wege gehen,

15 so wollte ich ihre Feinde bald dämpfen und meine Hand über ihre Widersacher wenden,

16 und denen, die den HERRN hassen, müßte es wider sie fehlen; ihre Zeit aber würde ewiglich währen,

17 und ich würde sie mit dem besten Weizen speisen und mit Honig aus dem Felsen sättigen.

Der 82. Psalm

*Drohende Anrede Gottes
an ungerechte Obrigkeiten.*

1 (Ein Psalm Asaphs.) Gott steht in der Gemeinde Gottes und ist Richter unter den Göttern.

2 Wie lange wollt ihr unrecht richten und die Person der Gottlosen vorziehen? (Sela.)

3 Schaffet Recht dem Armen und dem Waisen und helfet dem Elenden und Dürftigen zum Recht.

4 Errettet den Geringen und Armen und erlöset ihn aus der Gottlosen Gewalt.

5 Aber sie lassen sich nicht sagen und achten's nicht; sie gehen immer hin im Finstern; darum müssen alle Grundfesten des Landes wanken.

6 Ich habe wohl gesagt: "Ihr seid Götter und allzumal Kinder des Höchsten";

7 aber ihr werdet sterben wie Menschen und wie ein Tyrann zugrunde gehen.

8 Gott, mache dich auf und richte den Erdboden; denn du bist Erbherr über alle Heiden!

Der 83. Psalm

Gebet um Beistand wider die Feinde Israels.

1 (Ein Psalmlied Asaphs.)

2 Gott, schweige doch nicht also und sei doch nicht so still; Gott, halt doch nicht so inne!

3 Denn siehe, deine Feinde toben, und die dich hassen, richten den Kopf auf.

4 Sie machen listige Anschläge gegen dein Volk und ratschlagen wider deine Verborgenen.

5 "Wohl her!" sprechen sie; "laßt uns sie ausrotten, daß sie kein Volk seien, daß des Namens Israel nicht mehr gedacht werde!"

6 Denn sie haben sich miteinander vereinigt und einen Bund wider dich gemacht,

7 die Hütten der Edomiter und Ismaeliter, der Moabiter und Hagariter,

8 der Gebaliter, Ammoniter und Amalekiter, die Philister samt denen zu Tyrus;

9 Assur hat sich auch zu ihnen geschlagen; sie helfen den Kindern Lot. (Sela.)

10 Tue ihnen, wie den Midianitern, wie Sisera, wie Jabin am Bach Kison,

11 die vertilgt wurden bei Endor und wurden zu Kot auf der Erde.

12 Mache ihre Fürsten wie Oreb und Seeb, alle ihre Obersten wie Sebah und Zalmuna,

13 die da sagen: Wir wollen Häuser Gottes einnehmen.

14 Gott, mache sie wie einen Wirbel, wie Stoppeln vor dem Winde.

15 Wie ein Feuer den Wald verbrennt und wie eine Flamme die Berge anzündet:

16 also verfolge sie mit deinem Wetter und erschrecke sie mit deinem Ungewitter.

17 Mache ihr Angesicht voll Schande, daß sie nach deinem Namen fragen müssen, o HERR.

18 Schämen müssen sie sich und erschrecken auf immer und zu Schanden werden und umkommen;

19 so werden sie erkennen, daß du mit deinem Namen heißest HERR allein und der Höchste in aller Welt.

Der 84. Psalm

Sehnsucht nach dem Heiligtum.

1 (Ein Psalm der Kinder Korah, auf der Gittith, vorzusingen.)

2 Wie lieblich sind deine Wohnungen, HERR Zebaoth!

3 Meine Seele verlangt und sehnt sich nach den Vorhöfen des HERRN; mein Leib und Seele freuen sich in dem lebendigen Gott.

4 Denn der Vogel hat ein Haus gefunden und die Schwalbe ihr Nest, da sie Junge hecken: deine Altäre, HERR Zebaoth, mein König und Gott.

5 Wohl denen, die in deinem Hause wohnen; die loben dich immerdar. (Sela.)

6 Wohl den Menschen, die dich für ihre Stärke halten und von Herzen dir nachwandeln,

7 die durch das Jammertal gehen und machen daselbst Brunnen; und die Lehrer werden mit viel Segen geschmückt.

8 Sie erhalten einen Sieg nach dem andern, daß man sehen muß, der rechte Gott sei zu Zion.

9 HERR, Gott Zebaoth, erhöre mein Gebet; vernimm's, Gott Jakobs! (Sela.)

10 Gott, unser Schild, schaue doch; siehe an das Antlitz deines Gesalbten!

11 Denn ein Tag in deinen Vorhöfen ist besser denn sonst tausend; ich will lieber der Tür hüten in meines Gottes Hause denn wohnen in der Gottlosen Hütten.

12 Denn Gott der HERR ist Sonne und Schild; der HERR gibt Gnade und Ehre: er wird kein Gutes mangeln lassen den Frommen.

13 HERR Zebaoth, wohl dem Menschen, der sich auf dich verläßt!

Der 85. Psalm

*Bitte des vormals begnadigten Volkes
um neuen Segen.*

1 (Ein Psalm der Kinder Korah, vorzusingen.)
2 HERR, der du bist vormals gnädig gewesen deinem Lande und hast die Gefangenen Jakobs erlöst;
3 der du die Missetat vormals vergeben hast deinem Volk und alle ihre Sünde bedeckt (sela);
4 der du vormals hast allen deinen Zorn aufgehoben und dich gewendet von dem Grimm deines Zorns:
5 tröste uns, Gott, unser Heiland, und laß ab von deiner Ungnade über uns!
6 Willst du denn ewiglich über uns zürnen und deinen Zorn gehen lassen für und für?
7 Willst du uns denn nicht wieder erquicken, daß sich dein Volk über dich freuen möge?
8 HERR, erzeige uns deine Gnade und hilf uns!
9 Ach, daß ich hören sollte, was Gott der HERR redet; daß er Frieden zusagte seinem Volk und seinen Heiligen, auf daß sie nicht auf eine Torheit geraten!
10 Doch ist ja seine Hilfe nahe denen, die ihn fürchten, daß in unserm Lande Ehre wohne;
11 daß Güte und Treue einander begegnen, Gerechtigkeit und Friede sich küssen;
12 daß Treue auf der Erde wachse und Gerechtigkeit vom Himmel schaue;

13 daß uns auch der HERR Gutes tue und unser Land sein Gewächs gebe;

14 daß Gerechtigkeit fürder vor ihm bleibe und im Schwange gehe. [Gerechtigkeit wird vor Ihm hergehen und den Weg bereiten für seine Tritte. (26)]

Der 86. Psalm

Gebet in großer Bedrängnis.

1 (Ein Gebet Davids.) HERR, neige deine Ohren und erhöre mich; denn ich bin elend und arm.

2 Bewahre meine Seele; denn ich bin heilig. Hilf du, mein Gott, deinem Knechte, der sich verläßt auf dich.

3 HERR, sei mir gnädig; denn ich rufe täglich zu dir!

4 Erfreue die Seele deines Knechtes; denn nach dir, HERR, verlangt mich.

5 Denn du, HERR, bist gut und gnädig, von großer Güte allen, die dich anrufen.

6 Vernimm, HERR, mein Gebet und merke auf die Stimme meines Flehens.

7 In der Not rufe ich dich an; du wollest mich erhören.

8 HERR, dir ist keiner gleich unter den Göttern, und ist niemand, der tun kann wie du.

9 Alle Heiden die du gemacht hast, werden

kommen und vor dir anbeten, HERR, und deinen Namen ehren,

10 daß du so groß bist und Wunder tust und allein Gott bist.

11 Weise mir, HERR, deinen Weg, daß ich wandle in deiner Wahrheit; erhalte mein Herz bei dem einen, daß ich deinen Namen fürchte.

12 Ich danke dir, HERR, mein Gott, von ganzem Herzen und ehre deinen Namen ewiglich.

13 Denn deine Güte ist groß über mich; du hast meine Seele errettet aus der tiefen Hölle.

14 Gott, es setzen sich die Stolzen wider mich, und der Haufe der Gewalttätigen steht mir nach meiner Seele, und haben dich nicht vor Augen.

15 Du aber, HERR, Gott, bist barmherzig und gnädig, geduldig und von großer Güte und Treue.

16 Wende dich zu mir, sei mir gnädig; stärke deinen Knecht mit deiner Kraft und hilf dem Sohn deiner Magd!

17 Tu ein Zeichen an mir, daß mir's wohl gehe, daß es sehen, die mich hassen, und sich schämen müssen, daß du mir beistehst, HERR, und tröstest mich.

Der 87. Psalm

Verherrlichung Zions
durch die Bekehrung der Heiden.

1 (Ein Psalmlied der Kinder Korah.) Sie ist fest gegründet auf den heiligen Bergen.
2 Der HERR liebt die Tore Zions über alle Wohnungen Jakobs.
3 Herrliche Dinge werden in dir gepredigt, du Stadt Gottes. (Sela.)
4 Ich will predigen lassen Rahab und Babel, daß sie mich kennen sollen. Siehe, die Philister und Tyrer samt den Mohren werden daselbst geboren.
5 Man wird zu Zion sagen, daß allerlei Leute darin geboren werden und daß er, der Höchste, sie baue.
6 Der HERR wird zählen, wenn er aufschreibt die Völker: "Diese sind daselbst geboren." (Sela.)
7 Und die Sänger wie die im Reigen werden alle in dir singen, eins ums andere.

Der 88. Psalm

Gebet in schwerer Anfechtung
und naher Todesgefahr.

1 (Ein Psalmlied der Kinder Korah, vorzusingen,

von der Schwachheit der Elenden. Eine Unterweisung Hemans, des Esrahiten.)

2 HERR, Gott, mein Heiland, ich schreie Tag und Nacht vor dir.

3 Laß mein Gebet vor dich kommen; neige deine Ohren zu meinem Geschrei.

4 Denn meine Seele ist voll Jammers, und mein Leben ist nahe dem Tode.

5 Ich bin geachtet gleich denen, die in die Grube fahren; ich bin ein Mann, der keine Hilfe hat.

6 Ich liege unter den Toten verlassen wie die Erschlagenen, die im Grabe liegen, deren du nicht mehr gedenkst und die von deiner Hand abgesondert sind.

7 Du hast mich in die Grube hinuntergelegt, in die Finsternis und in die Tiefe.

8 Dein Grimm drückt mich; du drängst mich mit allen deinen Fluten. (Sela.)

9 Meine Freunde hast du ferne von mir getan; du hast mich ihnen zum Gräuel gemacht. Ich liege gefangen und kann nicht herauskommen.

10 Meine Gestalt ist jämmerlich vor Elend. HERR, ich rufe dich an täglich; ich breite meine Hände aus zu dir.

11 Wirst du denn unter den Toten Wunder tun, oder werden die Verstorbenen aufstehen und dir danken? (Sela.)

12 Wird man in Gräbern erzählen deine Güte, und deine Treue im Verderben?

13 Mögen denn deine Wunder in der Finsternis

erkannt werden oder deine Gerechtigkeit in dem Lande, da man nichts gedenkt?

14 Aber ich schreie zu dir, HERR, und mein Gebet kommt frühe vor dich.

15 Warum verstößest du, HERR, meine Seele und verbirgst dein Antlitz vor mir?

16 Ich bin elend und ohnmächtig, daß ich so verstoßen bin; ich leide deine Schrecken, daß ich fast verzage.

17 Dein Grimm geht über mich; dein Schrecken drückt mich.

18 Sie umgeben mich täglich wie Wasser und umringen mich miteinander.

19 Du machst, daß meine Freunde und Nächsten und meine Verwandten sich ferne von mir halten um solches Elends willen.

Der 89. Psalm

Trost für das Haus Davids aus Gottes Verheißung.

1 (Eine Unterweisung Ethans, des Esrahiten.)

2 Ich will singen von der Gnade des HERRN ewiglich und seine Wahrheit verkündigen mit meinem Munde für und für

3 und sage also: Daß eine ewige Gnade wird aufgehen, und du wirst deine Wahrheit treulich halten im Himmel.

4 "Ich habe einen Bund gemacht mit meinem

Auserwählten; ich habe David, meinem Knechte, geschworen:

5 Ich will deinen Samen bestätigen ewiglich und deinen Stuhl bauen für und für." (Sela.)

6 Und die Himmel werden, HERR, deine Wunder preisen und deine Wahrheit in der Gemeinde der Heiligen.

7 Denn wer mag in den Wolken dem HERRN gleich gelten, und gleich sein unter den Kindern Gottes dem HERRN?

8 Gott ist sehr mächtig in der Versammlung der Heiligen und wunderbar über alle, die um ihn sind.

9 HERR, Gott Zebaoth, wer ist wie du ein mächtiger Gott? Und deine Wahrheit ist um dich her.

10 Du herrschest über das ungestüme Meer; du stillest seine Wellen, wenn sie sich erheben.

11 Du schlägst Rahab zu Tod; du zerstreust deine Feinde mit deinem starken Arm.

12 Himmel und Erde ist dein; du hast gegründet den Erdboden und was darinnen ist.

13 Mitternacht und Mittag hast du geschaffen; Thabor und Hermon jauchzen in deinem Namen.

14 Du hast einen gewaltigen Arm; stark ist deine Hand, und hoch ist deine Rechte.

15 Gerechtigkeit und Gericht ist deines Stuhles Festung; Gnade und Wahrheit sind vor deinem Angesicht.

16 Wohl dem Volk, das jauchzen kann! HERR, sie werden im Licht deines Antlitzes wandeln;

17 sie werden über deinen Namen täglich fröhlich sein und in deiner Gerechtigkeit herrlich sein.

18 Denn du bist der Ruhm ihrer Stärke, und durch dein Gnade wirst du unser Horn erhöhen.

19 Denn des HERRN ist unser Schild, und des Heiligen in Israel ist unser König.

20 Dazumal redetest du im Gesicht zu deinem Heiligen und sprachst: "Ich habe einen Helden erweckt, der helfen soll; ich habe erhöht einen Auserwählten aus dem Volk.

21 Ich habe gefunden meinen Knecht David; ich habe ihn gesalbt mit meinem heiligen Öl.

22 Meine Hand soll ihn erhalten und mein Arm soll ihn stärken.

23 Die Feinde sollen ihn nicht überwältigen, und die Ungerechten sollen ihn nicht dämpfen;

24 sondern ich will seine Widersacher schlagen vor ihm her, und die ihn hassen, will ich plagen;

25 aber meine Wahrheit und Gnade soll bei ihm sein, und sein Horn soll in meinem Namen erhoben werden.

26 Ich will seine Hand über das Meer stellen und seine Rechte über die Wasser.

27 Er wird mich nennen also: Du bist mein Vater, mein Gott und Hort, der mir hilft.

28 Und ich will ihn zum ersten Sohn machen, allerhöchst unter den Königen auf Erden.

29 Ich will ihm ewiglich bewahren meine Gnade, und mein Bund soll ihm fest bleiben.

30 Ich will ihm ewiglich Samen geben und

seinen Stuhl, solange der Himmel währt, erhalten.

31 Wo aber seine Kinder mein Gesetz verlassen und in meinen Rechten nicht wandeln,

32 so sie meine Ordnungen entheiligen und meine Gebote nicht halten,

33 so will ich ihre Sünde mit der Rute heimsuchen und ihre Missetat mit Plagen;

34 aber meine Gnade will ich nicht von ihm wenden und meine Wahrheit nicht lassen trügen.

35 Ich will meinen Bund nicht entheiligen, und nicht ändern, was aus meinem Munde gegangen ist.

36 Ich habe einmal geschworen bei meiner Heiligkeit, ich will David nicht lügen:

37 Sein Same soll ewig sein und sein Stuhl vor mir wie die Sonne;

38 wie der Mond soll er ewiglich erhalten sein, und gleich wie der Zeuge in den Wolken gewiß sein." (Sela.)

39 Aber nun verstößest du und verwirfst und zürnest mit deinem Gesalbten.

40 Du zerstörst den Bund deines Knechtes und trittst sein Krone zu Boden.

41 Du zerreißest alle seine Mauern und lässest seine Festen zerbrechen.

42 Es berauben ihn alle, die vorübergehen; er ist seinen Nachbarn ein Spott geworden.

43 Du erhöhest die Rechte seiner Widersacher und erfreuest alle seine Feinde.

44 Auch hast du die Kraft seines Schwertes weggenommen und lässest ihn nicht siegen im Streit.

45 Du zerstörst seine Reinigkeit und wirfst seinen Stuhl zu Boden.

46 Du verkürzest die Zeit seiner Jugend und bedeckest ihn mit Hohn. (Sela.)

47 HERR, wie lange willst du dich so gar verbergen und deinen Grimm wie Feuer brennen lassen?

48 Gedenke, wie kurz mein Leben ist. Warum willst du alle Menschen umsonst geschaffen haben?

49 Wo ist jemand, der da lebt und den Tod nicht sähe? der seine Seele errette aus des Todes Hand? (Sela.)

50 HERR, wo ist deine vorige Gnade, die du David geschworen hast in deiner Wahrheit?

51 Gedenke, HERR, an die Schmach deiner Knechte, die ich trage in meinem Schoß von so vielen Völkern allen,

52 mit der, HERR, deine Feinde schmähen, mit der sie schmähen die Fußtapfen deines Gesalbten.

53 Gelobt sei der HERR ewiglich! Amen, amen.

Viertes Buch

Der 90. Psalm

Gottes Ewigkeit der sündigen Menschen Vergänglichkeit. Gebet um Gnade.

1 (Ein Gebet Mose's, des Mannes Gottes.) HERR, Gott, du bist unsre Zuflucht für und für.
2 Ehe denn die Berge wurden und die Erde und die Welt geschaffen wurden, bist du, Gott, von Ewigkeit zu Ewigkeit,
3 der du die Menschen lässest sterben und sprichst: Kommt wieder, Menschenkinder!
4 Denn tausend Jahre sind vor dir wie der Tag, der gestern vergangen ist, und wie eine Nachtwache.
5 Du lässest sie dahinfahren wie einen Strom; sie sind wie ein Schlaf, gleichwie ein Gras, das doch bald welk wird,
6 das da frühe blüht und bald welk wird und des Abends abgehauen wird und verdorrt.
7 Das macht dein Zorn, daß wir so vergehen, und dein Grimm, daß wir so plötzlich dahinmüssen.
8 Denn unsere Missetaten stellst du vor dich, unsre unerkannte Sünde ins Licht vor deinem Angesicht.
9 Darum fahren alle unsere Tage dahin durch deinen Zorn; wir bringen unsre Jahre zu wie ein Geschwätz.

10 Unser Leben währet siebzig Jahre, und wenn's hoch kommt, so sind's achtzig Jahre, und wenn's köstlich gewesen ist, so ist es Mühe und Arbeit gewesen; denn es fährt schnell dahin, als flögen wir davon.
11 Wer glaubt aber, daß du so sehr zürnest, und wer fürchtet sich vor solchem deinem Grimm?
12 Lehre uns bedenken, daß wir sterben müssen, auf daß wir klug werden.
13 HERR, kehre doch wieder zu uns und sei deinen Knechten gnädig!
14 Fülle uns früh mit deiner Gnade, so wollen wir rühmen und fröhlich sein unser Leben lang.
15 Erfreue uns nun wieder, nachdem du uns so lange plagest, nachdem wir so lange Unglück leiden.
16 Zeige deinen Knechten deine Werke und deine Ehre ihren Kindern.
17 Und der HERR, unser Gott, sei uns freundlich und fördere das Werk unsrer Hände bei uns; ja, das Werk unsrer Hände wolle er fördern!

Der 91. Psalm

*Schutz des allmächtigen Gottes
unter allen Gefahren.*

1 Wer unter dem Schirm des Höchsten sitzt und unter dem Schatten des Allmächtigen bleibt,

2 der spricht zu dem HERRN: Meine Zuversicht und meine Burg, mein Gott, auf den ich hoffe.

3 Denn er errettet dich vom Strick des Jägers und von der schädlichen Pestilenz.

4 Er wird dich mit seinen Fittichen decken, und deine Zuversicht wird sein unter seinen Flügeln. Seine Wahrheit ist Schirm und Schild,

5 daß du nicht erschrecken müssest vor dem Grauen der Nacht, vor den Pfeilen, die des Tages fliegen,

6 vor der Pestilenz, die im Finstern schleicht, vor der Seuche, die im Mittage verderbt.

7 Ob tausend fallen zu deiner Seite und zehntausend zu deiner Rechten, so wird es doch dich nicht treffen.

8 Ja du wirst mit deinen Augen deine Lust sehen und schauen, wie den Gottlosen vergolten wird.

9 Denn der HERR ist deine Zuversicht; der Höchste ist deine Zuflucht.

10 Es wird dir kein Übel begegnen, und keine Plage wird zu deiner Hütte sich nahen.

11 Denn er hat seinen Engeln befohlen über dir, daß sie dich behüten auf allen deinen Wegen,

12 daß sie dich auf Händen tragen und du deinen Fuß nicht an einen Stein stoßest.

13 Auf Löwen und Ottern wirst du gehen, und treten auf junge Löwen und Drachen.

14 "Er begehrt mein, so will ich ihm aushelfen;

er kennt meinen Namen, darum will ich ihn schützen.

15 Er ruft mich an, so will ich ihn erhören; ich bin bei ihm in der Not; ich will ihn herausreißen und zu Ehren bringen.

16 Ich will ihn sättigen mit langem Leben und will ihm zeigen mein Heil."

Der 92. Psalm

Lob Gottes, der die Gottlosen straft und die Frommen segnet.

1 (Ein Psalmlied auf den Sabbattag.)

2 Das ist ein köstlich Ding, dem HERRN danken, und lobsingen deinem Namen, du Höchster,

3 des Morgens deine Gnade und des Nachts deine Wahrheit verkündigen

4 auf den zehn Saiten und Psalter, mit Spielen auf der Harfe.

5 Denn, HERR, du lässest mich fröhlich singen von deinen Werken, und ich rühme die Geschäfte deiner Hände.

6 HERR, wie sind deine Werke so groß! Deine Gedanken sind so sehr tief.

7 Ein Törichter glaubt das nicht, und ein Narr achtet solches nicht.

8 Die Gottlosen grünen wie das Gras, und die Übeltäter blühen alle, bis sie vertilgt werden immer und ewiglich.

9 Aber du, HERR, bist der Höchste und bleibst ewiglich.

10 Denn siehe, deine Feinde, HERR, deine Feinde werden umkommen; und alle Übeltäter müssen zerstreut werden.

11 Aber mein Horn wird erhöht werden wie eines Einhorns, und ich werde gesalbt mit frischem Öl.

12 Und mein Auge wird seine Lust sehen an meinen Feinden; und mein Ohr wird seine Lust hören an den Boshaften, die sich wider mich setzen.

13 Der Gerechte wird grünen wie ein Palmbaum; er wird wachsen wie eine Zeder auf dem Libanon.

14 Die gepflanzt sind in dem Hause des HERRN, werden in den Vorhöfen unsers Gottes grünen.

15 Und wenn sie gleich alt werden, werden sie dennoch blühen, fruchtbar und frisch sein,

16 daß sie verkündigen, daß der HERR so fromm ist, mein Hort, und ist kein Unrecht an ihm.

Der 93. Psalm

Herrlichkeit des Reichs Gottes.

1 Der HERR ist König und herrlich geschmückt; der HERR ist geschmückt und hat ein Reich

angefangen, soweit die Welt ist, und zugerichtet, daß es bleiben soll.

2 Von Anbeginn steht dein Stuhl fest; du bist ewig.

3 HERR, die Wasserströme erheben sich, die Wasserströme erheben ihr Brausen, die Wasserströme heben empor die Wellen.

4 Die Wasserwogen im Meer sind groß und brausen mächtig; der HERR aber ist noch größer in der Höhe.

5 Dein Wort ist eine rechte Lehre. Heiligkeit ist die Zierde deines Hauses, o HERR, ewiglich.

Der 94. Psalm

Gebet gegen die Unterdrücker des Volkes Gottes.

1 HERR, Gott, des die Rache ist, Gott, des die Rache ist, erscheine!

2 Erhebe dich, du Richter der Welt; vergilt den Hoffärtigen, was sie verdienen!

3 HERR, wie lange sollen die Gottlosen, wie lange sollen die Gottlosen prahlen

4 und so trotzig reden, und alle Übeltäter sich so rühmen?

5 HERR, sie zerschlagen dein Volk und plagen dein Erbe;

6 Witwen und Fremdlinge erwürgen sie und töten die Waisen

7 und sagen: "Der HERR sieht's nicht, und der Gott Jakobs achtet's nicht."

8 Merket doch, ihr Narren unter dem Volk! Und ihr Toren, wann wollt ihr klug werden?

9 Der das Ohr gepflanzt hat, sollte der nicht hören? Der das Auge gemacht hat, sollte der nicht sehen?

10 Der die Heiden züchtigt, sollte der nicht strafen, - der die Menschen lehrt, was sie wissen?

11 Aber der HERR weiß die Gedanken der Menschen, daß sie eitel sind.

12 Wohl dem, den du, HERR, züchtigst und lehrst ihn durch dein Gesetz,

13 daß er Geduld habe, wenn's übel geht, bis dem Gottlosen die Grube bereitet werde!

14 Denn der HERR wird sein Volk nicht verstoßen noch sein Erbe verlassen.

15 Denn Recht muß doch Recht bleiben, und dem werden alle frommen Herzen zufallen.

16 Wer steht bei mir wider die Boshaften? Wer tritt zu mir wider die Übeltäter?

17 Wo der HERR nicht hülfe, so läge meine Seele schier in der Stille.

18 Ich sprach: Mein Fuß hat gestrauchelt; aber deine Gnade, HERR, hielt mich.

19 Ich hatte viel Bekümmernisse in meinem Herzen; aber deine Tröstungen ergötzten meine Seele.

20 Du wirst ja nimmer eins mit dem schädlichen Stuhl, der das Gesetz übel deutet.

21 Sie rüsten sich gegen die Seele des Gerechten und verdammen unschuldig Blut.

22 Aber der HERR ist mein Schutz; mein Gott ist der Hort meiner Zuversicht.

23 Und er wird ihnen ihr Unrecht vergelten und wird sie um ihre Bosheit vertilgen; der HERR, unser Gott, wird sie vertilgen.

Der 95. Psalm

Einladung zum Lobe Gottes.
Warnung vor Ungehorsam.

1 Kommt herzu, laßt uns dem HERRN frohlocken und jauchzen dem Hort unsers Heils!

2 Lasset uns mit Danken vor sein Angesicht kommen und mit Psalmen ihm jauchzen!

3 Denn der HERR ist ein großer Gott und ein großer König über alle Götter.

4 Denn in seiner Hand ist, was unten in der Erde ist; und die Höhen der Berge sind auch sein.

5 Denn sein ist das Meer, und er hat's gemacht; und seine Hände haben das Trockene bereitet.

6 Kommt, laßt uns anbeten und knieen und niederfallen vor dem HERRN, der uns gemacht hat.

7 Denn er ist unser Gott und wir das Volk seiner Weide und Schafe seiner Hand. Heute, so ihr seine Stimme höret,

8 so verstocket euer Herz nicht, wie zu Meriba geschah, wie zu Massa in der Wüste,

9 da mich eure Väter versuchten, mich prüften und sahen mein Werk.

10 Vierzig Jahre hatte ich Mühe mit diesem Volk und sprach: Es sind Leute, deren Herz immer den Irrweg will und die meine Wege nicht lernen wollen;

11 daß ich schwur in meinem Zorn: Sie sollen nicht zu meiner Ruhe kommen.

Der 96. Psalm

Verkündigung des Reichs Gottes unter den Heiden.

1 Singet dem HERRN ein neues Lied; singet dem HERRN alle Welt!

2 Singet dem HERRN und lobet seinen Namen; verkündiget von Tag zu Tage sein Heil!

3 Erzählet unter den Heiden seine Ehre, unter allen Völkern seine Wunder.

4 Denn der HERR ist groß und hoch zu loben, wunderbar über alle Götter.

5 Denn alle Götter der Völker sind Götzen; aber der HERR hat den Himmel gemacht.

6 Es stehet herrlich und prächtig vor ihm und gehet gewaltig und löblich zu in seinem Heiligtum.

7 Ihr Völker, bringet her dem HERRN, bringet her dem HERRN Ehre und Macht.

8 Bringet her dem HERRN die Ehre seines Namens; bringet Geschenke und kommt in seine Vorhöfe!

9 Betet an den HERRN in heiligem Schmuck; es fürchte ihn alle Welt!

10 Saget unter den Heiden, daß der HERR König sei und habe sein Reich, soweit die Welt ist, bereitet, daß es bleiben soll, und richtet die Völker recht.

11 Der Himmel freue sich, und die Erde sei fröhlich; das Meer brause und was darinnen ist;

12 das Feld sei fröhlich und alles, was darauf ist; und lasset rühmen alle Bäume im Walde

13 vor dem HERRN; denn er kommt, denn er kommt, zu richten das Erdreich. Er wird den Erdboden richten mit Gerechtigkeit und die Völker mit seiner Wahrheit.

Der 97. Psalm

Zions Freude,
daß Gott der Höchste ist in allen Landen.

1 Der HERR ist König; des freue sich das Erdreich und seien fröhlich die Inseln, soviel ihrer sind.

2 Wolken und Dunkel ist um ihn her; Gerechtigkeit und Gericht ist seines Stuhles Festung.

3 Feuer geht vor ihm her und zündet an umher seine Feinde.

4 Seine Blitze leuchten auf den Erdboden; das Erdreich siehet's und erschrickt.

5 Die Berge zerschmelzen wie Wachs vor dem HERRN, vor dem Herrscher des ganzen Erdbodens.

6 Die Himmel verkündigen seine Gerechtigkeit, und alle Völker sehen seine Ehre.

7 Schämen müssen sich alle, die den Bildern dienen und sich der Götzen rühmen. Betet ihn an, alle Götter!

8 Zion hört es und ist froh; und die Töchter Juda's sind fröhlich, HERR, über dein Regiment.

9 Denn du, HERR, bist der Höchste in allen Landen; du bist hoch erhöht über alle Götter.

10 Die ihr den HERRN liebet, hasset das Arge! Der HERR bewahret die Seelen seiner Heiligen; von der Gottlosen Hand wird er sie erretten.

11 Dem Gerechten muß das Licht immer wieder aufgehen und Freude den frommen Herzen.

12 Ihr Gerechten freuet euch des HERRN und danket ihm und preiset seine Heiligkeit!

Der 98. Psalm

Jubellied von den Siegen des Herrn in aller Welt.

1 (Ein Psalm.) Singet dem HERRN ein neues Lied; denn er tut Wunder. Er siegt mit seiner Rechten und mit seinem heiligen Arm.

2 Der HERR läßt sein Heil verkündigen; vor den Völkern läßt er seine Gerechtigkeit offenbaren.

3 Er gedenkt an seine Gnade und Wahrheit dem Hause Israel; aller Welt Enden sehen das Heil unsers Gottes.

4 Jauchzet dem HERRN, alle Welt; singet, rühmet und lobet!

5 Lobet den HERRN mit Harfen, mit Harfen und Psalmen!

6 Mit Drommeten und Posaunen jauchzet vor dem HERRN, dem König!

7 Das Meer brause und was darinnen ist, der Erdboden und die darauf wohnen.

8 Die Wasserströme frohlocken, und alle Berge seien fröhlich

9 vor dem HERRN; denn er kommt das Erdreich zu richten. Er wird den Erdboden richten mit Gerechtigkeit und die Völker mit Recht.

Der 99. Psalm

Heiligkeit waltet im Reiche des Herrn.

1 Der HERR ist König, darum zittern die Völker; er sitzt auf den Cherubim, darum bebt die Welt.

2 Der HERR ist groß zu Zion und hoch über alle Völker.

3 Man danke deinem großen und wunderbaren Namen, der da heilig ist.

4 Im Reich dieses Königs hat man das Recht lieb. Du gibst Frömmigkeit, du schaffest Gericht und Gerechtigkeit in Jakob.

5 Erhebet den HERRN, unsern Gott, betet an zu seinem Fußschemel; denn er ist heilig.

6 Mose und Aaron unter seinen Priestern und Samuel unter denen, die seinen Namen anrufen, sie riefen an den HERRN, und er erhörte sie.

7 Er redete mit ihnen durch eine Wolkensäule; sie hielten seine Zeugnisse und Gebote, die er ihnen gab.

8 Herr, du bist unser Gott, du erhörtest sie; du, Gott, vergabst ihnen und straftest ihr Tun.

9 Erhöhet den HERRN, unsern Gott, und betet an zu seinem heiligen Berge; denn der HERR, unser Gott, ist heilig.

Der 100. Psalm

Loblied für das Volk Gottes.

1 (Ein Dankpsalm.) Jauchzet dem HERRN, alle Welt!
2 Dient dem HERRN mit Freuden; kommt vor sein Angesicht mit Frohlocken!
3 Erkennt, daß der HERR Gott ist! Er hat uns gemacht, und nicht wir selbst, zu seinem Volk und zu Schafen seiner Weide.
4 Geht zu seinen Toren ein mit Danken, zu seinen Vorhöfen mit Loben; danket ihm, lobet seinen Namen!
5 Denn der HERR ist freundlich, und seine Gnade währet ewig und seine Wahrheit für und für.

Der 101. Psalm

Davids Regentenspiegel.

101 (Ein Psalm Davids.) Von Gnade und Recht will ich singen und dir, HERR, lobsagen.
2 Ich handle vorsichtig und redlich bei denen, die mir zugehören, und wandle treulich in meinem Hause.
3 Ich nehme mir keine böse Sache vor; ich hasse den Übeltäter und lasse ihn nicht bei mir bleiben.

4 Ein verkehrtes Herz muß von mir weichen; den Bösen leide ich nicht.

5 Der seinen Nächsten heimlich verleumdet, den vertilge ich; ich mag den nicht, der stolze Gebärde und hohen Mut hat.

6 Meine Augen sehen nach den Treuen im Lande, daß sie bei mir wohnen; und habe gerne fromme Diener.

7 Falsche Leute halte ich nicht in meinem Hause; die Lügner gedeihen bei mir nicht.

8 Jeden Morgen will ich vertilgen alle Gottlosen im Lande, daß ich alle Übeltäter ausrotte aus der Stadt des HERRN.

Der 102. Psalm

Bußfertiges Gebet um Wiederherstellung Zions.

1 (Ein Gebet des Elenden, so er betrübt ist und seine Klage vor dem HERRN ausschüttet.)

2 HERR, höre mein Gebet und laß mein Schreien zu dir kommen!

3 Verbirg dein Antlitz nicht vor mir in der Not, neige deine Ohren zu mir; wenn ich dich anrufe, so erhöre mich bald!

4 Denn meine Tage sind vergangen wie ein Rauch, und meine Gebeine sind verbrannt wie ein Brand.

5 Mein Herz ist geschlagen und verdorrt wie

Gras, daß ich auch vergesse, mein Brot zu essen.

6 Mein Gebein klebt an meinem Fleisch vor Heulen und Seufzen.

7 Ich bin wie eine Rohrdommel in der Wüste; ich bin gleich wie ein Käuzlein in den verstörten Stätten.

8 Ich wache und bin wie ein einsamer Vogel auf dem Dache.

9 Täglich schmähen mich meine Feinde; und die mich verspotten, schwören bei mir.

10 Denn ich esse Asche wie Brot und mische meinen Trank mit Weinen

11 vor deinem Drohen und Zorn, daß du mich aufgehoben und zu Boden gestoßen hast.

12 Meine Tage sind dahin wie Schatten, und ich verdorre wie Gras.

13 Du aber, HERR, bleibst ewiglich und dein Gedächtnis für und für.

14 Du wollest dich aufmachen und über Zion erbarmen; denn es ist Zeit, daß du ihr gnädig seist, und die Stunde ist gekommen.

15 Denn deine Knechte wollten gerne, daß sie gebaut würde, und sähen gerne, daß ihre Steine und Kalk zugerichtet würden,

16 daß die Heiden den Namen des HERRN fürchten und alle Könige auf Erden dein Ehre,

17 daß der HERR Zion baut und erscheint in seiner Ehre.

18 Er wendet sich zum Gebet der Verlassenen und verschmäht ihr Gebet nicht.

19 Das werde geschrieben auf die Nachkommen; und das Volk, das geschaffen soll werden, wird den HERRN loben.

20 Denn er schaut von seiner heiligen Höhe, und der HERR sieht vom Himmel auf die Erde,

21 daß er das Seufzen des Gefangenen höre und losmache die Kinder des Todes,

22 auf daß sie zu Zion predigen den Namen des HERRN und sein Lob zu Jerusalem,

23 wenn die Völker zusammenkommen und die Königreiche, dem HERRN zu dienen.

24 Er demütigt auf dem Wege meine Kraft; er verkürzt meine Tage.

25 Ich sage: Mein Gott, nimm mich nicht weg in der Hälfte meiner Tage! Deine Jahre währen für und für.

26 Du hast vormals die Erde gegründet, und die Himmel sind deiner Hände Werk.

27 Sie werden vergehen, aber du bleibest. Sie werden veralten wie ein Gewand; sie werden verwandelt wie ein Kleid, wenn du sie verwandeln wirst.

28 Du aber bleibest, wie du bist, und deine Jahre nehmen kein Ende.

29 Die Kinder deiner Knechte werden bleiben, und ihr Same wird vor dir gedeihen.

Der 103. Psalm

*Preis der Barmherzigkeit des Herrn
gegen sündige und schwache Menschen.*

1 (Ein Psalm Davids.) Lobe den HERRN, meine Seele, und was in mir ist, seinen heiligen Namen!
2 Lobe den HERRN, meine Seele, und vergiß nicht, was er dir Gutes getan hat:
3 der dir alle deine Sünden vergibt und heilet alle deine Gebrechen,
4 der dein Leben vom Verderben erlöst, der dich krönt mit Gnade und Barmherzigkeit,
5 der deinen Mund fröhlich macht, und du wieder jung wirst wie ein Adler.
6 Der HERR schafft Gerechtigkeit und Gericht allen, die Unrecht leiden.
7 Er hat seine Wege Mose wissen lassen, die Kinder Israel sein Tun.
8 Barmherzig und gnädig ist der HERR, geduldig und von großer Güte.
9 Er wird nicht immer hadern noch ewiglich Zorn halten.
10 Er handelt nicht mit uns nach unsern Sünden und vergilt uns nicht nach unsrer Missetat.
11 Denn so hoch der Himmel über der Erde ist, läßt er seine Gnade walten über die, so ihn fürchten.
12 So ferne der Morgen ist vom Abend, läßt er unsre Übertretungen von uns sein.

13 Wie sich ein Vater über Kinder erbarmt, so erbarmt sich der HERR über die, so ihn fürchten.

14 Denn er kennt, was für ein Gemächte wir sind; er gedenkt daran, daß wir Staub sind.

15 Ein Mensch ist in seinem Leben wie Gras, er blüht wie eine Blume auf dem Feld;

16 wenn der Wind darüber geht, so ist sie nimmer da, und ihre Stätte kennt sie nicht mehr.

17 Die Gnade aber des HERRN währet von Ewigkeit zu Ewigkeit über die, so ihn fürchten, und seine Gerechtigkeit auf Kindeskind

18 bei denen, die seinen Bund halten und gedenken an seine Gebote, daß sie darnach tun.

19 Der HERR hat seinen Stuhl im Himmel bereitet, und sein Reich herrscht über alles.

20 Lobet den HERRN, ihr seine Engel, ihr starken Helden, die ihr seine Befehle ausrichtet, daß man höre auf die Stimme seines Wortes!

21 Lobet den HERRN, alle seine Heerscharen, seine Diener, die ihr seinen Willen tut!

22 Lobet den HERRN, alle seine Werke, an allen Orten seiner Herrschaft! Lobe den HERRN, meine Seele!

Der 104. Psalm

Preis Gottes aus den Werken der Schöpfung.

1 Lobe den HERRN, meine Seele! HERR, mein

Gott, du bist sehr herrlich; du bist schön und prächtig geschmückt.

2 Licht ist dein Kleid, das du anhast; du breitest aus den Himmel wie einen Teppich;

3 Du wölbest es oben mit Wasser; du fährst auf den Wolken wie auf einem Wagen und gehst auf den Fittichen des Windes;

4 der du machst Winde zu deinen Engeln und zu deinen Dienern Feuerflammen;

5 der du das Erdreich gegründet hast auf seinem Boden, daß es bleibt immer und ewiglich.

6 Mit der Tiefe deckst du es wie mit einem Kleide, und Wasser standen über den Bergen.

7 Aber von deinem Schelten flohen sie, von deinem Donner fuhren sie dahin.

8 Die Berge gingen hoch hervor, und die Täler setzten sich herunter zum Ort, den du ihnen gegründet hast.

9 Du hast eine Grenze gesetzt, darüber kommen sie nicht und dürfen nicht wiederum das Erdreich bedecken.

10 Du läßt Brunnen quellen in den Gründen, daß die Wasser zwischen den Bergen hinfließen,

11 daß alle Tiere auf dem Felde trinken und das Wild seinen Durst lösche.

12 An denselben sitzen die Vögel des Himmels und singen unter den Zweigen.

13 Du feuchtest die Berge von obenher; du machst das Land voll Früchte, die du schaffest;

14 du lässest Gras wachsen für das Vieh und Saat zu Nutz den Menschen, daß du Brot aus der Erde bringest,

15 und daß der Wein erfreue des Menschen Herz, daß seine Gestalt schön werde vom Öl und das Brot des Menschen Herz stärke;

16 daß die Bäume des HERRN voll Saft stehen, die Zedern Libanons, die er gepflanzt hat.

17 Daselbst nisten die Vögel, und die Reiher wohnen auf den Tannen.

18 Die hohen Berge sind der Gemsen Zuflucht, und die Steinklüfte der Kaninchen.

19 Du hast den Mond gemacht, das Jahr darnach zu teilen; die Sonne weiß ihren Niedergang.

20 Du machst Finsternis, daß es Nacht wird; da regen sich alle wilden Tiere,

21 die jungen Löwen, die da brüllen nach dem Raub und ihre Speise suchen von Gott.

22 Wenn aber die Sonne aufgeht, heben sie sich davon und legen sich in ihre Höhlen.

23 So geht dann der Mensch aus an seine Arbeit und an sein Ackerwerk bis an den Abend.

24 HERR, wie sind deine Werke so groß und viel! Du hast sie alle weislich geordnet, und die Erde ist voll deiner Güter.

25 Das Meer, das so groß und weit ist, da wimmelt's ohne Zahl, große und kleine Tiere.

26 Daselbst gehen die Schiffe; da sind

Walfische, die du gemacht hast, daß sie darin spielen.

27 Es wartet alles auf dich, daß du ihnen Speise gebest zu seiner Zeit.

28 Wenn du ihnen gibst, so sammeln sie; wenn du deine Hand auftust, so werden sie mit Gut gesättigt.

29 Verbirgst du dein Angesicht, so erschrecken sie; du nimmst weg ihren Odem, so vergehen sie und werden wieder zu Staub.

30 Du lässest aus deinen Odem, so werden sie geschaffen, und du erneuest die Gestalt der Erde.

31 Die Ehre des HERRN ist ewig; der HERR hat Wohlgefallen an seinen Werken.

32 Er schaut die Erde an, so bebt sie; er rührt die Berge an, so rauchen sie.

33 Ich will dem HERRN singen mein Leben lang und meinen Gott loben, solange ich bin.

34 Meine Rede müsse ihm wohl gefallen. Ich freue mich des HERRN.

35 Der Sünder müsse ein Ende werden auf Erden, und die Gottlosen nicht mehr sein. Lobe den HERRN, meine Seele! Halleluja!

Der 105. Psalm

Preis Gottes für seine Wohltaten an Israel.

1 Danket dem HERRN und predigt seinen Namen; verkündigt sein Tun unter den Völkern!

2 Singet von ihm und lobet ihn; redet von allen seinen Wundern!

3 Rühmet seinen heiligen Namen; es freue sich das Herz derer, die den HERRN suchen!

4 Fraget nach dem HERRN und nach seiner Macht, suchet sein Antlitz allewege!

5 Gedenket seiner Wunderwerke, die er getan hat, seiner Wunder und der Gerichte seines Mundes,

6 ihr, der Same Abrahams, seines Knechtes, ihr Kinder Jakobs, seine Auserwählten!

7 Er ist der HERR, unser Gott; er richtet in aller Welt.

8 Er gedenkt ewiglich an seinen Bund, des Wortes, das er verheißen hat auf tausend Geschlechter,

9 den er gemacht hat mit Abraham, und des Eides mit Isaak;

10 und stellte es Jakob zu einem Rechte und Israel zum ewigen Bunde

11 und sprach: "Dir will ich das Land Kanaan geben, das Los eures Erbes,"

12 da sie wenig und gering waren und Fremdlinge darin.

13 Und sie zogen von Volk zu Volk, von einem Königreich zum andern Volk.

14 Er ließ keinen Menschen ihnen Schaden tun und strafte Könige um ihretwillen.

15 "Tastet meine Gesalbten nicht an und tut meinen Propheten kein Leid!"

16 Und er ließ Teuerung ins Land kommen und entzog allen Vorrat des Brots.

17 Er sandte einen Mann vor ihnen hin; Joseph ward zum Knecht verkauft.

18 Sie zwangen seine Füße in den Stock, sein Leib mußte in Eisen liegen,

19 bis daß sein Wort kam und die Rede des HERRN ihn durchläuterte.

20 Da sandte der König hin und ließ ihn losgeben; der HERR über Völker hieß ihn herauslassen.

21 Er setzte ihn zum Herrn über sein Haus, zum Herrscher über alle seine Güter,

22 daß er seine Fürsten unterwiese nach seiner Weise und seine Ältesten Weisheit lehrte.

23 Und Israel zog nach Ägypten, und Jakob ward ein Fremdling im Lande Hams.

24 Und er ließ sein Volk sehr wachsen und machte sie mächtiger denn ihre Feinde.

25 Er verkehrte jener Herz, daß sie seinem Volk gram wurden und dachten, seine Knechte mit List zu dämpfen.

26 Er sandte seinen Knecht Mose, Aaron, den er erwählt hatte.

27 Dieselben taten seine Zeichen unter ihnen und seine Wunder im Lande Hams.

28 Er ließ Finsternis kommen und machte es finster; und sie waren nicht ungehorsam seinen Worten.

29 Er verwandelte ihre Wasser in Blut und tötete ihre Fische.

30 Ihr Land wimmelte Frösche heraus in den Kammern ihrer Könige.

31 Er sprach: da kam Ungeziefer, Stechmücken in all ihr Gebiet.

32 Er gab ihnen Hagel zum Regen, Feuerflammen in ihrem Lande

33 und schlug ihre Weinstöcke und Feigenbäume und zerbrach die Bäume in ihrem Gebiet.

34 Er sprach: da kamen Heuschrecken und Käfer ohne Zahl.

35 Und sie fraßen alles Gras in ihrem Lande und fraßen die Früchte auf ihrem Felde.

36 Er schlug alle Erstgeburt in Ägypten, alle Erstlinge ihrer Kraft.

37 Und er führte sie aus mit Silber und Gold; und war kein Gebrechlicher unter ihren Stämmen.

38 Ägypten ward froh, daß sie auszogen; denn ihre Furcht war auf sie gefallen.

39 Er breitete eine Wolke aus zur Decke und ein Feuer, des Nachts zu leuchten.

40 Sie baten: da ließ er Wachteln kommen; und er sättigte sie mit Himmelsbrot.

41 Er öffnete den Felsen: da floß Wasser heraus, daß Bäche liefen in der dürren Wüste.

42 Denn er gedachte an sein heiliges Wort, das er Abraham, seinem Knecht, hatte geredet.

43 Also führte er sein Volk in Freuden und seine Auserwählten in Wonne

44 und gab ihnen die Länder der Heiden, daß sie die Güter der Völker einnahmen,

45 auf daß sie halten sollten seine Rechte und sein Gesetze bewahren. Halleluja!

Der 106. Psalm

*Danklied für die Gnade Gottes
bei allen Übertretungen Israels.*

1 Halleluja! Danket dem HERRN; denn er ist freundlich, und seine Güte währet ewiglich.

2 Wer kann die großen Taten des HERRN ausreden und alle seine löblichen Werke preisen?

3 Wohl denen, die das Gebot halten und tun immerdar recht!

4 HERR, gedenke mein nach der Gnade, die du dem Volk verheißen hast; beweise uns deine Hilfe,

5 daß wir sehen mögen die Wohlfahrt deiner Auserwählten und uns freuen, daß es deinem Volk wohl geht, und uns rühmen mit deinem Erbteil.

6 Wir haben gesündigt samt unsern Vätern; wir haben mißgehandelt und sind gottlos gewesen.

7 Unsre Väter in Ägypten wollten deine Wunder nicht verstehen; sie gedachten nicht an deine große Güte und waren ungehorsam am Meer, am Schilfmeer.

8 Er half ihnen aber um seines Namens willen, daß er seine Macht bewiese.

9 Und er schalt das Schilfmeer: da ward's trocken, und führte sie durch die Tiefen wie in einer Wüste

10 und half ihnen von der Hand des, der sie haßte, und erlöste sie von der Hand des Feindes;

11 und die Wasser ersäuften ihre Widersacher, daß nicht einer übrig blieb.

12 Da glaubten sie an seine Worte und sangen sein Lob.

13 Aber sie vergaßen bald seiner Werke; sie warteten nicht auf seinen Rat.

14 Und sie wurden lüstern in der Wüste und versuchten Gott in der Einöde.

15 Er aber gab ihnen ihre Bitte und sandte ihnen genug, bis ihnen davor ekelte.

16 Und sie empörten sich wider Mose im Lager, wider Aaron, den Heiligen des HERRN.

17 Die Erde tat sich auf und verschlang Dathan und deckte zu die Rotte Abirams,

18 und Feuer ward unter ihrer Rotte angezündet, die Flamme verbrannte die Gottlosen.

19 Sie machten ein Kalb am Horeb und beteten an das gegossene Bild

20 und verwandelten ihre Ehre in ein Gleichnis eines Ochsen, der Gras frißt.

21 Sie vergaßen Gottes, ihres Heilands, der so große Dinge in Ägypten getan hatte,

22 Wunder im Lande Hams und schreckliche Werke am Schilfmeer.

23 Und er sprach, er wolle sie vertilgen, wo nicht Mose, sein Auserwählter, in den Riß getreten wäre vor ihm, seinen Grimm abzuwenden, auf daß er sie nicht gar verderbte.

24 und sie verachteten das liebe Land, sie glaubten seinem Wort nicht

25 und murrten in ihren Hütten; sie gehorchten der Stimme des HERRN nicht.

26 Und er hob auf seine Hand wider sie, daß er sie niederschlüge in der Wüste

27 und würfe ihren Samen unter die Heiden und zerstreute sie in die Länder.

28 Und sie hingen sich an den Baal-Peor und aßen von den Opfern der toten Götzen

29 und erzürnten ihn mit ihrem Tun; da brach auch die Plage unter sie.

30 Da trat Pinehas herzu und schlichtete die Sache; da ward der Plage gesteuert.

31 Das ward ihm gerechnet zur Gerechtigkeit für und für ewiglich.

32 Und sie erzürnten ihn am Haderwasser, und Mose ging es übel um ihretwillen.

33 Denn sie betrübten ihm sein Herz, daß ihm etliche Worte entfuhren.

34 Auch vertilgten sie die Völker nicht, wie sie doch der HERR geheißen hatte;

35 sondern sie mengten sich unter die Heiden und lernten derselben Werke

36 und dienten ihren Götzen; die wurden ihnen zum Fallstrick.

37 Und sie opferten ihre Söhne und ihre Töchter den Teufeln

38 und vergossen unschuldig Blut, das Blut ihrer Söhne und ihrer Töchter, die sie opferten den Götzen Kanaans, daß das Land mit Blutschulden befleckt ward;

39 und verunreinigten sich mit ihren Werken und wurden abgöttisch mit ihrem Tun.

40 Da ergrimmte der Zorn des HERRN über sein Volk, und er gewann einen Gräuel an seinem Erbe

41 und gab sie in die Hände der Heiden, daß über sie herrschten, die ihnen gram waren.

42 Und ihre Feinde ängsteten sie; und sie wurden gedemütigt unter ihre Hände.

43 Er errettete sie oftmals; aber sie erzürnten ihn mit ihrem Vornehmen und wurden wenig um ihrer Missetat willen.

44 Und er sah ihre Not an, da er ihre Klage hörte,

45 und gedachte an seinen Bund, den er mit ihnen gemacht hatte; und es reute ihn nach seiner großen Güte,

46 und er ließ sie zur Barmherzigkeit kommen vor allen, die sie gefangen hatten.

47 Hilf uns, HERR, unser Gott, und bringe uns zusammen aus den Heiden, daß wir danken deinem heiligen Namen und rühmen dein Lob.

48 Gelobet sei der HERR, der Gott Israels, von Ewigkeit zu Ewigkeit, und alles Volk spreche: Amen, halleluja!

Fünftes Buch

Der 107. Psalm

*Danklied der Erlösten,
die zum Herrn riefen in ihrer Not.*

1 Danket dem HERRN; denn er ist freundlich, und seine Güte währet ewiglich.

2 So sollen sagen, die erlöst sind durch den HERRN, die er aus der Not erlöst hat

3 und die er aus den Ländern zusammengebracht hat vom Aufgang, vom Niedergang, von Mitternacht und vom Meer.

4 Die irregingen in der Wüste, in ungebahntem Wege, und fanden keine Stadt, da sie wohnen konnten,

5 hungrig und durstig, und ihre Seele verschmachtete;

6 die zum HERRN riefen in ihrer Not, und er errettete sie aus ihren Ängsten

7 und führte sie einen richtigen Weg, daß sie gingen zur Stadt, da sie wohnen konnten:

8 die sollen dem HERRN danken für seine Güte und für seine Wunder, die er an den Menschenkindern tut,

9 daß er sättigt die durstige Seele und füllt die hungrige Seele mit Gutem.

10 Die da sitzen mußten in Finsternis und Dunkel, gefangen in Zwang und Eisen,

11 darum daß sie Gottes Geboten ungehorsam gewesen waren und das Gesetz des Höchsten geschändet hatten,

12 dafür ihr Herz mit Unglück geplagt werden mußte, daß sie dalagen und ihnen niemand half;

13 die zum HERRN riefen in ihrer Not, und er half ihnen aus ihren Ängsten

14 und führte sie aus der Finsternis und Dunkel und zerriß ihre Bande:

15 die sollen dem HERRN danken für seine Güte und für seine Wunder, die er an den Menschenkindern tut,

16 daß er zerbricht eherne Türen und zerschlägt eiserne Riegel.

17 Die Narren, so geplagt waren um ihrer Übertretung willen und um ihrer Sünden willen,

18 daß ihnen ekelte vor aller Speise und sie todkrank wurden;

19 die riefen zum HERRN in ihrer Not, und er half ihnen aus ihren Ängsten,

20 er sandte sein Wort und machte sie gesund und errettete sie, daß sie nicht starben:

21 die sollen dem HERRN danken für seine Güte und für seine Wunder, die er an den Menschenkindern tut,

22 und Dank opfern und erzählen seine Werke mit Freuden.

23 Die mit Schiffen auf dem Meer fuhren und trieben ihren Handel in großen Wassern;

24 die des HERRN Werke erfahren haben und seine Wunder im Meer,

25 wenn er sprach und einen Sturmwind erregte, der die Wellen erhob,

26 und sie gen Himmel fuhren und in den Abgrund fuhren, daß ihre Seele vor Angst verzagte,

27 daß sie taumelten und wankten wie ein Trunkener und wußten keinen Rat mehr;

28 die zum HERRN schrieen in ihrer Not, und er führte sie aus ihren Ängsten

29 und stillte das Ungewitter, daß die Wellen sich legten

30 und sie froh wurden, daß es still geworden war und er sie zu Lande brachte nach ihrem Wunsch:

31 die sollen dem HERRN danken für seine Güte und für seine Wunder, die er an den Menschenkindern tut,

32 und ihn bei der Gemeinde preisen und bei den Alten rühmen.

33 Er machte Bäche trocken und ließ Wasserquellen versiegen,

34 daß ein fruchtbar Land zur Salzwüste wurde um der Bosheit willen derer, die darin wohnten.

35 Er machte das Trockene wiederum wasserreich und im dürren Lande Wasserquellen

36 und hat die Hungrigen dahingesetzt, daß sie eine Stadt zurichten, da sie wohnen konnten,

37 und Äcker besäen und Weinberge pflanzen möchten und die jährlichen Früchte gewönnen.

38 Und er segnete sie, daß sie sich sehr mehrten, und gab ihnen viel Vieh.

39 Sie waren niedergedrückt und geschwächt von dem Bösen, das sie gezwungen und gedrungen hatte.

40 Er schüttete Verachtung auf die Fürsten und ließ sie irren in der Wüste, da kein Weg ist,

41 und schützte den Armen vor Elend und mehrte sein Geschlecht wie eine Herde.

42 Solches werden die Frommen sehen und sich freuen; und aller Bosheit wird das Maul gestopft werden.

43 Wer ist weise und behält dies? So werden sie merken, wie viel Wohltaten der HERR erzeigt.

Der 108. Psalm

Preis der göttlichen Güte und Treue,
Bitte um Sieg gegen die Feinde.

1 (Ein Psalmlied Davids.)

2 Gott, es ist mein rechter Ernst; ich will singen und dichten, meine Ehre auch.

3 Wohlauf, Psalter und Harfe! Ich will in der Frühe auf sein.

4 Ich will dir danken, HERR, unter den Völkern; ich will dir lobsingen unter den Leuten.

5 Denn deine Gnade reicht, soweit der Himmel

ist, und deine Wahrheit, soweit die Wolken gehen.

6 Erhebe dich, Gott, über den Himmel, und deine Ehre über alle Lande.

7 Auf daß deine lieben Freunde erledigt werden, hilf mit deiner Rechten und erhöre mich!

8 Gott redete in seinem Heiligtum, des bin ich froh, und will Sichem teilen und das Tal Sukkoth abmessen.

9 Gilead ist mein, Manasse ist auch mein, und Ephraim ist die Macht meines Hauptes, Juda ist mein Zepter,

10 Moab ist mein Waschbecken, ich will meinen Schuh über Edom strecken, über die Philister will ich jauchzen.

11 Wer will mich führen in eine feste Stadt? Wer wird mich leiten bis nach Edom?

12 Wirst du es nicht tun, Gott, der du uns verstößest und ziehest nicht aus, Gott, mit unserm Heer?

13 Schaffe uns Beistand in der Not; denn Menschenhilfe ist nichts nütze.

14 Mit Gott wollen wir Taten tun; er wird unsre Feinde untertreten.

Der 109. Psalm

Gebet des Verfolgten um Bestrafung seiner Feinde und um des Herrn Gnade in seinem Elend.

1 (Ein Psalm Davids, vorzusingen.) Gott, mein Ruhm, schweige nicht!

2 Denn sie haben ihr gottloses und falsches Maul gegen mich aufgetan und reden wider mich mit falscher Zunge;

3 und sie reden giftig wider mich allenthalben und streiten wider mich ohne Ursache.

4 Dafür, daß ich sie liebe, sind sie wider mich; ich aber bete.

5 Sie beweisen mir Böses um Gutes und Haß um Liebe.

6 Setze Gottlose über ihn; und der Satan müsse stehen zu seiner Rechten.

7 Wenn er gerichtet wird, müsse er verdammt ausgehen, und sein Gebet müsse Sünde sein.

8 Seiner Tage müssen wenige werden, und sein Amt müsse ein anderer empfangen.

9 Seine Kinder müssen Waisen werden und sein Weib eine Witwe.

10 Seine Kinder müssen in der Irre gehen und betteln und suchen, als die verdorben sind.

11 Es müsse der Wucherer aussaugen alles, was er hat; und Fremde müssen seine Güter rauben.

12 Und niemand müsse ihm Gutes tun, und niemand erbarme sich seiner Waisen.

13 Seine Nachkommen müssen ausgerottet werden; ihr Name werde im andern Glied vertilgt.

14 Seiner Väter Missetat müsse gedacht werden vor dem HERRN, und seiner Mutter Sünde müsse nicht ausgetilgt werden.

15 Der HERR müsse sie nimmer aus den Augen lassen, und ihr Gedächtnis müsse ausgerottet werden auf Erden,

16 darum daß er so gar keine Barmherzigkeit hatte, sondern verfolgte den Elenden und Armen und Betrübten, daß er ihn tötete.

17 Und er wollte den Fluch haben, der wird ihm auch kommen; er wollte den Segen nicht, so wird er auch ferne von ihm bleiben.

18 Er zog an den Fluch wie sein Hemd; der ist in sein Inwendiges gegangen wie Wasser, und wie Öl in seine Gebeine;

19 So werde er ihm wie ein Kleid, das er anhabe, und wie ein Gürtel, mit dem er allewege sich gürte.

20 So geschehe denen vom HERRN, die mir zuwider sind und reden Böses wider meine Seele.

21 Aber du, HERR HERR, sei du mit mir um deines Namens willen; denn deine Gnade ist mein Trost: errette mich!

22 Denn ich bin arm und elend; mein Herz ist zerschlagen in mir.

23 Ich fahre dahin wie ein Schatten, der

vertrieben wird, und werde verjagt wie die Heuschrecken.

24 Meine Kniee sind schwach von Fasten, und mein Fleisch ist mager und hat kein Fett.

25 Und ich muß ihr Spott sein; wenn sie mich sehen, schütteln sie ihren Kopf.

26 Stehe mir bei, HERR, mein Gott! hilf mir nach deiner Gnade,

27 daß sie innewerden, daß dies sei deine Hand, daß du, HERR, solches tust.

28 Fluchen sie, so segne du. Setzen sie sich wider mich, so sollen sie zu Schanden werden; aber dein Knecht müsse sich freuen.

29 Meine Widersacher müssen mit Schmach angezogen werden und mit ihrer Schande bekleidet werden wie ein Rock.

30 Ich will dem HERRN sehr danken mit meinem Munde und ihn rühmen unter vielen.

31 Denn er steht dem Armen zur Rechten, daß er ihm helfe von denen, die sein Leben verurteilen.

Der 110. Psalm

Christus der ewige König und Hohepriester.

1 (Ein Psalm Davids.) Der HERR sprach zu meinem Herrn: "Setze dich zu meiner Rechten, bis ich deine Feinde zum Schemel deiner Füße lege."

2 Der HERR wird das Zepter deines Reiches senden aus Zion: "Herrsche unter deinen Feinden!"

3 Nach deinem Sieg wird dir dein Volk willig opfern in heiligem Schmuck. Deine Kinder werden dir geboren wie der Tau aus der Morgenröte.

4 Der HERR hat geschworen, und es wird ihn nicht gereuen: "Du ist ein Priester ewiglich nach der Weise Melchisedeks."

5 Der HERR zu deiner Rechten wird zerschmettern die Könige am Tage seines Zorns;

6 er wird richten unter den Heiden; er wird ein großes Schlagen unter ihnen tun; er wird zerschmettern das Haupt über große Lande.

7 Er wird trinken vom Bach auf dem Wege; darum wird er das Haupt emporheben.

Der 111. Psalm

*Danklied für den leiblichen
und geistlichen Segen Gottes.*

1 Halleluja! Ich danke dem HERRN von ganzem Herzen im Rat der Frommen und in der Gemeinde.

2 Groß sind die Werke des HERRN; wer ihrer achtet, der hat eitel Lust daran.

3 Was er ordnet, das ist löblich und herrlich; und seine Gerechtigkeit bleibt ewiglich.

4 Er hat ein Gedächtnis gestiftet seiner Wunder, der gnädige und barmherzige HERR.

5 Er gibt Speise denen, die ihn fürchten; er gedenkt ewiglich an seinen Bund.

6 Er läßt verkündigen seine gewaltigen Taten seinem Volk, daß er ihnen gebe das Erbe der Heiden.

7 Die Werke seiner Hände sind Wahrheit und Recht; alle seine Gebote sind rechtschaffen.

8 Sie werden erhalten immer und ewiglich und geschehen treulich und redlich.

9 Er sendet eine Erlösung seinem Volk; er verheizt, daß sein Bund ewiglich bleiben soll. Heilig und hehr ist sein Name.

10 Die Furcht des HERRN ist der Weisheit Anfang. Das ist eine feine Klugheit, wer darnach tut, des Lob bleibt ewiglich.

Der 112. Psalm

*Glückseligkeit
der Gottesfürchtigen und Barmherzigen.*

1 Halleluja! Wohl dem, der den HERRN fürchtet, der große Lust hat zu seinen Geboten!

2 Des Same wird gewaltig sein auf Erden; das Geschlecht der Frommen wird gesegnet sein.

3 Reichtum und die Fülle wird in ihrem Hause sein, und ihre Gerechtigkeit bleibt ewiglich.

4 Den Frommen geht das Licht auf in der

Finsternis von dem Gnädigen, Barmherzigen und Gerechten.

5 Wohl dem, der barmherzig ist und gerne leidet und richtet seine Sachen aus, daß er niemand Unrecht tue!

6 Denn er wird ewiglich bleiben; des Gerechten wird nimmermehr vergessen.

7 Wenn eine Plage kommen will, so fürchtet er sich nicht; sein Herz hofft unverzagt auf den HERRN.

8 Sein Herz ist getrost und fürchtet sich nicht, bis er seine Lust an seinen Feinden sieht.

9 Er streut aus und gibt den Armen; seine Gerechtigkeit bleibt ewiglich, sein Horn wird erhöht mit Ehren.

10 Der Gottlose wird's sehen, und es wird ihn verdrießen; seine Zähne wird er zusammenbeißen und vergehen. Denn was die Gottlosen gerne wollten, das ist verloren.

Der 113. Psalm

Den Demütigen gibt Gott Gnade.

1 Halleluja! Lobet, ihr Knechte des HERRN, lobet den Namen des HERRN!

2 Gelobet sei des HERRN Name von nun an bis in Ewigkeit!

3 Vom Aufgang der Sonne bis zu ihrem Niedergang sei gelobet der Name des HERRN!

4 Der HERR ist hoch über alle Heiden; seine Ehre geht, soweit der Himmel ist.

5 Wer ist wie der HERR, unser Gott? der sich so hoch gesetzt hat

6 und auf das Niedrige sieht im Himmel und auf Erden;

7 der den Geringen aufrichtet aus dem Staube und erhöht den Armen aus dem Kot,

8 daß er ihn setze neben die Fürsten, neben die Fürsten seines Volkes;

9 der die Unfruchtbare im Hause wohnen macht, daß sie eine fröhliche Kindermutter wird. Halleluja!

Der 114. Psalm

Wunder Gottes bei der Ausführung seines Volkes aus Ägypten.

1 Da Israel aus Ägypten zog, das Haus Jakob aus dem fremden Volk,

2 da ward Juda sein Heiligtum, Israel seine Herrschaft.

3 Das Meer sah es und floh; der Jordan wandte sich zurück;

4 die Berge hüpften wie die Lämmer, die Hügel wie die jungen Schafe.

5 Was war dir, du Meer, daß du flohest, und du, Jordan, daß du dich zurückwandtest,

6 ihr Berge, daß ihr hüpftet wie die Lämmer, ihr Hügel wie die jungen Schafe?

7 Vor dem HERRN bebte die Erde, vor dem Gott Jakobs,

8 der den Fels wandelte in einen Wassersee und die Steine in Wasserbrunnen.

Der 115. Psalm

Gott allein die Ehre!

1 Nicht uns, HERR, nicht uns, sondern deinem Namen gib Ehre um deine Gnade und Wahrheit!

2 Warum sollen die Heiden sagen: Wo ist nun ihr Gott?

3 Aber unser Gott ist im Himmel; er kann schaffen, was er will.

4 Jener Götzen aber sind Silber und Gold, von Menschenhänden gemacht.

5 Sie haben Mäuler, und reden nicht; sie haben Augen, und sehen nicht;

6 sie haben Ohren, und hören nicht; sie heben Nasen, und riechen nicht;

7 sie haben Hände, und greifen nicht; Füße haben sie, und gehen nicht; sie reden nicht durch ihren Hals.

8 Die solche machen, sind ihnen gleich, und alle, die auf sie hoffen.

9 Aber Israel hoffe auf den HERRN! Der ist ihre Hilfe und Schild.

10 Das Haus Aaron hoffe auf den HERRN! Der ist ihre Hilfe und Schild.

11 Die den HERRN fürchten, hoffen auf den HERRN! Der ist ihre Hilfe und Schild.

12 Der HERR denkt an uns und segnet uns; er segnet das Haus Israel, er segnet das Haus Aaron;

13 er segnet, die den HERRN fürchten, Kleine und Große.

14 Der HERR segne euch je mehr und mehr, euch und eure Kinder!

15 Ihr seid die Gesegneten des HERRN, der Himmel und Erde gemacht hat.

16 Der Himmel allenthalben ist des HERRN; aber die Erde hat er den Menschenkindern gegeben.

17 Die Toten werden dich, HERR, nicht loben, noch die hinunterfahren in die Stille;

18 sondern wir loben den HERRN von nun an bis in Ewigkeit. Halleluja!

Der 116. Psalm

Dank und Gelübde für die Errettung aus großer Lebensgefahr.

1 Das ist mir lieb, daß der HERR meine Stimme und mein Flehen hört.

2 Denn er neigte sein Ohr zu mir; darum will ich mein Leben lang ihn anrufen.

3 Stricke des Todes hatten mich umfangen, und Ängste der Hölle hatten mich getroffen; ich kam in Jammer und Not.

4 Aber ich rief an den Namen des HERRN: O HERR, errette mein Seele!

5 Der HERR ist gnädig und gerecht, und unser Gott ist barmherzig.

6 Der HERR behütet die Einfältigen; wenn ich unterliege, so hilft er mir.

7 Sei nun wieder zufrieden, meine Seele; denn der HERR tut dir Gutes.

8 Denn du hast meine Seele aus dem Tode gerissen, meine Augen von den Tränen, meinen Fuß vom Gleiten.

9 Ich werde wandeln vor dem HERRN im Lande der Lebendigen.

10 Ich glaube, darum rede ich; ich werde aber sehr geplagt.

11 Ich sprach in meinem Zagen: Alle Menschen sind Lügner.

12 Wie soll ich dem HERRN vergelten alle seine Wohltat, die er an mir tut?

13 Ich will den Kelch des Heils nehmen und des HERRN Namen predigen.

14 Ich will mein Gelübde dem HERRN bezahlen vor allem seinem Volk.

15 Der Tod seiner Heiligen ist wertgehalten vor dem HERRN.

16 O HERR, ich bin dein Knecht; ich bin dein Knecht, deiner Magd Sohn. Du hast meine Bande zerrissen.

17 Dir will ich Dank opfern und des HERRN Namen predigen.

18 Ich will meine Gelübde dem HERRN bezahlen vor allem seinem Volk,

19 in den Höfen am Hause des HERRN, in dir Jerusalem. Halleluja!

Der 117. Psalm

Aufruf zum Lobe Gottes.

1 Lobet den HERRN, alle Heiden; preiset ihn, alle Völker!

2 Denn seine Gnade und Wahrheit waltet über uns in Ewigkeit. Halleluja!

Der 118. Psalm

Siegesfreude der Gerechten.

1 Danket dem HERRN; denn er ist freundlich, und seine Güte währet ewiglich.

2 Es sage nun Israel: Seine Güte währet ewiglich.

3 Es sage nun das Haus Aaron: Seine Güte währet ewiglich.

4 Es sagen nun, die den HERRN fürchten: Seine Güte währet ewiglich.

5 In der Angst rief ich den HERRN an, und der HERR erhörte mich und tröstete mich.

6 Der HERR ist mit mir, darum fürchte ich mich nicht; was können mir Menschen tun?

7 Der HERR ist mit mir, mir zu helfen; und ich will meine Lust sehen an meinen Feinden.

8 Es ist gut, auf den HERRN zu vertrauen, und nicht sich verlassen auf Menschen.

9 Es ist gut auf den HERRN vertrauen und nicht sich verlassen auf Fürsten.

10 Alle Heiden umgeben mich; aber im Namen des HERRN will ich sie zerhauen.

11 Sie umgeben mich allenthalben; aber im Namen des HERRN will ich sie zerhauen.

12 Sie umgeben mich wie Bienen; aber sie erlöschen wie Feuer in Dornen; im Namen des HERRN will ich sie zerhauen.

13 Man stößt mich, daß ich fallen soll; aber der HERR hilft mir.

14 Der HERR ist meine Macht und mein Psalm und ist mein Heil.

15 Man singt mit Freuden vom Sieg in den Hütten der Gerechten: "Die Rechte des HERRN behält den Sieg;

16 die Rechte des HERRN ist erhöht; die Rechte des HERRN behält den Sieg!"

17 Ich werde nicht sterben, sondern leben und des HERRN Werke verkündigen.

18 Der HERR züchtigt mich wohl; aber er gibt mich dem Tode nicht.

19 Tut mir auf die Tore der Gerechtigkeit, daß ich dahin eingehe und dem HERRN danke.

20 Das ist das Tor des HERRN; die Gerechten werden dahin eingehen.

21 Ich danke dir, daß du mich demütigst und hilfst mir.

22 Der Stein, den die Bauleute verworfen haben, ist zum Eckstein geworden.

23 Das ist vom HERRN geschehen und ist ein Wunder vor unsern Augen.

24 Dies ist der Tag, den der HERR macht; lasset uns freuen und fröhlich darinnen sein.

25 O HERR, hilf! o HERR, laß wohl gelingen!

26 Gelobt sei, der da kommt im Namen des HERRN! Wir segnen euch, die ihr vom Hause des HERRN seid.

27 der HERR ist Gott, der uns erleuchtet. Schmücket das Fest mit Maien bis an die Hörner des Altars!

28 Du bist mein Gott, und ich danke dir; mein Gott, ich will dich preisen.

29 Danket dem HERRN; denn er ist freundlich, und sein Güte währet ewiglich.

Der 119. Psalm

Die Herrlichkeit des Wortes Gottes.

(Auch 'güldenes ABC' genannt, da im Grundtext je 8 Verse den gleichen Anfangsbuchstaben nach der Ordnung des Alphabetes tragen.)

1 (ALEPH.) Wohl denen, die ohne Tadel leben, die im Gesetz des HERRN wandeln!

2 Wohl denen, die seine Zeugnisse halten, die ihn von ganzem Herzen suchen!

3 Denn welche auf seinen Wegen wandeln, die tun kein Übel.

4 Du hast geboten, fleißig zu halten deine Befehle.

5 Oh daß mein Leben deine Rechte mit ganzem Ernst hielte!

6 Wenn ich schaue allein auf deine Gebote, so werde ich nicht zu Schanden.

7 Ich danke dir von Herzen, daß du mich lehrst die Rechte deiner Gerechtigkeit.

8 Deine Rechte will ich halten; verlaß mich nimmermehr.

9 (BETH.) Wie wird ein Jüngling seinen Weg unsträflich gehen? Wenn er sich hält nach deinen Worten.

10 Ich suche dich von ganzem Herzen; laß mich nicht abirren von deinen Geboten.

11 Ich behalte dein Wort in meinem Herzen, auf daß ich nicht wieder dich sündige.

12 Gelobt seist du, HERR! Lehre mich deine Rechte!

13 Ich will mit meinen Lippen erzählen alle Rechte deines Mundes.

14 Ich freue mich des Weges deiner Zeugnisse wie über allerlei Reichtum.

15 Ich rede von dem, was du befohlen hast, und schaue auf deine Wege.

16 Ich habe Lust zu deinen Rechten und vergesse deiner Worte nicht.

17 (GIMEL.) Tue wohl deinem Knecht, daß ich lebe und dein Wort halte.

18 Öffne mir die Augen, daß ich sehe die Wunder an deinem Gesetz.

19 Ich bin ein Gast auf Erden; verbirg deine Gebote nicht vor mir.

20 Meine Seele ist zermalmt vor Verlangen nach deinen Rechten allezeit.

21 Du schiltst die Stolzen; verflucht sind, die von deinen Geboten abirren.

22 Wende von mir Schmach und Verachtung; denn ich halte deine Zeugnisse.

23 Es sitzen auch die Fürsten und reden wider mich; aber dein Knecht redet von deinen Rechten.

24 Ich habe Lust zu deinen Zeugnissen; die sind meine Ratsleute.

25 (DALETH.) Meine Seele liegt im Staube; erquicke mich nach deinem Wort.

26 Ich erzähle meine Wege, und du erhörst mich; lehre mich deine Rechte.

27 Unterweise mich den Weg deiner Befehle, so will ich reden von deinen Wundern.

28 Ich gräme mich, daß mir das Herz verschmachtet; stärke mich nach deinem Wort.

29 Wende von mir den falschen Weg und gönne mir dein Gesetz.

30 Ich habe den Weg der Wahrheit erwählt; deine Rechte habe ich vor mich gestellt.

31 Ich hange an deinen Zeugnissen; HERR, laß mich nicht zu Schanden werden!

32 Wenn du mein Herz tröstest, so laufe ich den Weg deiner Gebote.

33 (HE.) Zeige mir, HERR, den Weg deiner Rechte, daß ich sie bewahre bis ans Ende.

34 Unterweise mich, daß ich bewahre dein Gesetz und halte es von ganzem Herzen.

35 Führe mich auf dem Steige deiner Gebote; denn ich habe Lust dazu.

36 Neige mein Herz zu deinen Zeugnissen, und nicht zum Geiz.

37 Wende meine Augen ab, daß sie nicht sehen nach unnützer Lehre; sondern erquicke mich auf deinem Wege.

38 Laß deinen Knecht dein Gebot fest für dein Wort halten, daß ich mich nicht fürchte.

39 Wende von mir die Schmach, die ich scheue; denn deine Rechte sind lieblich.

40 Siehe, ich begehre deiner Befehle; erquicke mich mit deiner Gerechtigkeit.

41 (VAU.) HERR, laß mir deine Gnade widerfahren, deine Hilfe nach deinem Wort,

42 daß ich antworten möge meinem Lästerer; denn ich verlasse mich auf dein Wort.

43 Und nimm ja nicht von meinem Munde das Wort der Wahrheit; denn ich hoffe auf deine Rechte.

44 Ich will dein Gesetz halten allewege, immer und ewiglich.

45 Und ich wandle fröhlich; denn ich suche deine Befehle.

46 Ich rede von deinen Zeugnissen vor Königen und schäme mich nicht

47 und habe Lust an deinen Geboten, und sie sind mir lieb,

48 und hebe meine Hände auf zu deinen Geboten, die mir lieb sind, und rede von deinen Rechten.

49 (ZAIN.) Gedenke deinem Knechte an dein Wort, auf welches du mich lässest hoffen.

50 Das ist mein Trost in meinem Elend; denn dein Wort erquickt mich.

51 Die Stolzen haben ihren Spott an mir; dennoch weiche ich nicht von deinem Gesetz.

52 HERR, wenn ich gedenke, wie du von der Welt her gerichtet hast, so werde ich getröstet.

53 Ich bin entbrannt über die Gottlosen, die dein Gesetz verlassen.

54 Deine Rechte sind mein Lied in dem Hause meiner Wallfahrt.

55 HERR, ich gedenke des Nachts an deinen Namen und halte dein Gesetz.

56 Das ist mein Schatz, daß ich deine Befehle halte.

57 (CHETH.) Ich habe gesagt: "HERR, das soll mein Erbe sein, daß ich deine Worte halte."

58 Ich flehe vor deinem Angesicht von ganzem Herzen; sei mir gnädig nach deinem Wort.

59 Ich betrachte meine Wege und kehre meine Füße zu deinen Zeugnissen.

60 Ich eile und säume mich nicht, zu halten deine Gebote.

61 Der Gottlosen Rotte beraubt mich; aber ich vergesse deines Gesetzes nicht.

62 Zur Mitternacht stehe ich auf, dir zu danken für die Rechte deiner Gerechtigkeit.

63 Ich halte mich zu denen, die dich fürchten und deine Befehle halten.

64 HERR, die Erde ist voll deiner Güte; lehre mich deine Rechte.

65 (TETH.) Du tust Gutes deinem Knechte, HERR, nach deinem Wort.

66 Lehre mich heilsame Sitten und Erkenntnis; denn ich glaube deinen Geboten.

67 Ehe ich gedemütigt ward, irrte ich; nun aber halte ich dein Wort.

68 Du bist gütig und freundlich; lehre mich deine Rechte.

69 Die Stolzen erdichten Lügen über mich; ich aber halte von ganzem Herzen deine Befehle.

70 Ihr Herz ist dick wie Schmer; ich aber habe Lust an deinem Gesetz.

71 Es ist mir lieb, daß du mich gedemütigt hast, daß ich deine Rechte lerne.

72 Das Gesetz deines Mundes ist mir lieber denn viel tausend Stück Gold und Silber.

73 (JOD.) Deine Hand hat mich gemacht und bereitet; unterweise mich, daß ich deine Gebote lerne.

74 Die dich fürchten, sehen mich und freuen sich; denn ich hoffe auf dein Wort.

75 HERR, ich weiß, daß deine Gerichte recht sind; du hast mich treulich gedemütigt.

76 Deine Gnade müsse mein Trost sein, wie du deinem Knecht zugesagt hast.

77 Laß mir deine Barmherzigkeit widerfahren, daß ich lebe; denn ich habe Lust zu deinem Gesetz.

78 Ach daß die Stolzen müßten zu Schanden werden, die mich mit Lügen niederdrücken! ich aber rede von deinen Befehlen.

79 Ach daß sich müßten zu mir halten, die dich fürchten und deine Zeugnisse kennen!

80 Mein Herz bleibe rechtschaffen in deinen Rechten, daß ich nicht zu Schanden werde.

81 (CAPH.) Meine Seele verlangt nach deinem Heil; ich hoffe auf dein Wort.

82 Meine Augen sehnen sich nach deinem Wort und sagen: Wann tröstest du mich?

83 Denn ich bin wie ein Schlauch im Rauch; deiner Rechte vergesse ich nicht.

84 Wie lange soll dein Knecht warten? Wann willst du Gericht halten über meine Verfolger?

85 Die Stolzen graben ihre Gruben, sie, die nicht sind nach deinem Gesetz.

86 Deine Gebote sind eitel Wahrheit. Sie verfolgen mich mit Lügen; hilf mir.

87 Sie haben mich schier umgebracht auf Erden; ich aber lasse deine Befehle nicht.

88 Erquicke mich durch deine Gnade, daß ich halte die Zeugnisse deines Mundes.

89 (LAMED.) HERR, dein Wort bleibt ewiglich, soweit der Himmel ist;

90 deine Wahrheit währet für und für. Du hast die Erde zugerichtet, und sie bleibt stehen.

91 Es bleibt täglich nach deinem Wort; denn es muß dir alles dienen.

92 Wo dein Gesetz nicht mein Trost gewesen wäre, so wäre ich vergangen in meinem Elend.

93 Ich will deine Befehle nimmermehr vergessen; denn du erqickest mich damit.

94 Ich bin dein, hilf mir! denn ich suche deine Befehle.

95 Die Gottlosen lauern auf mich, daß sie mich umbringen; ich aber merke auf deine Zeugnisse.

96 Ich habe alles Dinges ein Ende gesehen; aber dein Gebot währet.

97 (MEM.) Wie habe ich dein Gesetz so lieb! Täglich rede ich davon.

98 Du machst mich mit deinem Gebot weiser, als meine Feinde sind; denn es ist ewiglich mein Schatz.

99 Ich bin gelehrter denn alle meine Lehrer; denn deine Zeugnisse sind meine Rede.

100 Ich bin klüger denn die Alten; denn ich halte deine Befehle.

101 Ich wehre meinem Fuß alle bösen Wege, daß ich dein Wort halte.

102 Ich weiche nicht von deinen Rechten; denn du lehrest mich.

103 Dein Wort ist meinem Munde süßer denn Honig.

104 Dein Wort macht mich klug; darum hasse ich alle falschen Wege.

105 (NUN.) Dein Wort ist meine Fußes Leuchte und ein Licht auf meinem Wege.

106 Ich schwöre und will's halten, daß ich die Rechte deiner Gerechtigkeit halten will.

107 Ich bin sehr gedemütigt; HERR, erquicke mich nach deinem Wort!

108 Laß dir gefallen, HERR, das willige Opfer meines Mundes und lehre mich deine Rechte.

109 Ich trage meine Seele immer in meinen Händen, und ich vergesse deines Gesetzes nicht.

110 Die Gottlosen legen mir Stricke; ich aber irre nicht von deinen Befehlen.

111 Deine Zeugnisse sind mein ewiges Erbe; denn sie sind meines Herzens Wonne.

112 Ich neige mein Herz, zu tun nach deinen Rechten immer und ewiglich.

113 (SAMECH.) Ich hasse die Flattergeister und liebe dein Gesetz.

114 Du bist mein Schirm und Schild; ich hoffe auf dein Wort.

115 Weichet von mir, ihr Boshaften! Ich will halten die Gebote meines Gottes.

116 Erhalte mich durch dein Wort, daß ich lebe; und laß mich nicht zu Schanden werden über meiner Hoffnung.

117 Stärke mich, daß ich genese, so will ich stets meine Lust haben an deinen Rechten.

118 Du zertrittst alle, die von deinen Rechten abirren; denn ihre Trügerei ist eitel Lüge.

119 Du wirfst alle Gottlosen auf Erden weg wie Schlacken; darum liebe ich deine Zeugnisse.

120 Ich fürchte mich vor dir, daß mir die Haut schaudert, und entsetze mich vor deinen Gerichten.

121 (AIN.) Ich halte über Recht und Gerechtigkeit; übergib mich nicht denen, die mir wollen Gewalt tun.

122 Vertritt du deinen Knecht und tröste ihn; mögen mir die Stolzen nicht Gewalt tun.

123 Meine Augen sehnen sich nach deinem Heil und nach dem Wort deiner Gerechtigkeit.

124 Handle mit deinem Knecht nach deiner Gnade und lehre mich deine Rechte.

125 Ich bin dein Knecht; unterweise mich, daß ich erkenne deine Zeugnisse.

126 Es ist Zeit, daß der HERR dazutue; sie haben dein Gesetz zerrissen.

127 Darum liebe ich dein Gebot über Gold und über feines Gold.

128 Darum halte ich stracks alle deine Befehle; ich hasse allen falschen Weg.

129 (PE.) Deine Zeugnisse sind wunderbar; darum hält sie meine Seele.

130 Wenn dein Wort offenbar wird, so erfreut es und macht klug die Einfältigen.

131 Ich sperre meinen Mund auf und lechze nach deinen Geboten; denn mich verlangt darnach.

132 Wende dich zu mir und sei mir gnädig, wie du pflegst zu tun denen, die deinen Namen lieben.

133 Laß meinen Gang gewiß sein in deinem Wort und laß kein Unrecht über mich herrschen.

134 Erlöse mich von der Menschen Frevel, so will ich halten deine Befehle.

135 Laß dein Antlitz leuchten über deinen Knecht und lehre mich deine Rechte.

136 Meine Augen fließen mit Wasser, daß man dein Gesetz nicht hält.

137 (TZADDI.) HERR, du bist gerecht, und dein Wort ist recht.

138 Du hast die Zeugnisse deiner Gerechtigkeit und die Wahrheit hart geboten.

139 Ich habe mich schier zu Tode geeifert, daß meine Gegner deiner Worte vergessen.

140 Dein Wort ist wohl geläutert, und dein Knecht hat es lieb.

141 Ich bin gering und verachtet; ich vergesse aber nicht deiner Befehle.

142 Deine Gerechtigkeit ist eine ewige Gerechtigkeit, und dein Gesetz ist Wahrheit.

143 Angst und Not haben mich getroffen; ich habe aber Lust an deinen Geboten.

144 Die Gerechtigkeit deiner Zeugnisse ist ewig; unterweise mich, so lebe ich.

145 (KOPH.) Ich rufe von ganzem Herzen; erhöre mich, HERR, daß ich dein Rechte halte.

146 Ich rufe zu dir; hilf mir, daß ich deine Zeugnisse halte.

147 Ich komme in der Frühe und schreie; auf dein Wort hoffe ich.

148 Ich wache auf, wenn's noch Nacht ist, zu sinnen über dein Wort.

149 Höre meine Stimme nach deiner Gnade; HERR, erquicke mich nach deinen Rechten.

150 Meine boshaften Verfolger nahen herzu und sind ferne von deinem Gesetz.

151 HERR, du bist nahe, und deine Gebote sind eitel Wahrheit.

152 Längst weiß ich, daß du deine Zeugnisse für ewig gegründet hast.

153 (RESH.) Siehe mein Elend und errette mich; hilf mir aus, denn ich vergesse deines Gesetzes nicht.

154 Führe meine Sache und erlöse mich; erquicke mich durch dein Wort.

155 Das Heil ist ferne von den Gottlosen; denn sie achten deine Rechte nicht.

156 HERR, deine Barmherzigkeit ist groß; erquicke mich nach deinen Rechten.

157 Meiner Verfolger und Widersacher sind

viele; ich weiche aber nicht von deinen Zeugnissen.

158 Ich sehe die Verächter, und es tut mir wehe, daß sie dein Wort nicht halten.

159 Siehe, ich liebe deine Befehle; HERR, erquicke mich nach deiner Gnade.

160 Dein Wort ist nichts denn Wahrheit; alle Rechte deiner Gerechtigkeit währen ewiglich.

161 (SCHIN.) Die Fürsten verfolgen mich ohne Ursache, und mein Herz fürchtet sich vor deinen Worten.

162 Ich freue mich über dein Wort wie einer, der eine große Beute kriegt.

163 Lügen bin ich gram und habe Gräuel daran; aber dein Gesetz habe ich lieb.

164 Ich lobe dich des Tages siebenmal um der Rechte willen deiner Gerechtigkeit.

165 Großen Frieden haben, die dein Gesetz lieben; sie werden nicht straucheln.

166 HERR, ich warte auf dein Heil und tue nach deinen Geboten.

167 Meine Seele hält deine Zeugnisse und liebt sie sehr.

168 Ich halte deine Befehle und deine Zeugnisse; denn alle meine Wege sind vor dir.

169 (TAU.) HERR, laß meine Klage vor dich kommen; unterweise mich nach deinem Wort.

170 Laß mein Flehen vor dich kommen; errette mich nach deinem Wort.

171 Meine Lippen sollen loben, wenn du mich deine Rechte lehrest.

172 Meine Zunge soll ihr Gespräch haben von deinem Wort; denn alle deine Gebote sind recht.
173 Laß mir deine Hand beistehen; denn ich habe erwählt deine Befehle.
174 HERR, mich verlangt nach deinem Heil, und ich habe Lust an deinem Gesetz.
175 Laß meine Seele leben, daß sie dich lobe, und deine Rechte mir helfen.
176 Ich bin ein verirrtes und verlorenes Schaf. Suche deinen Knecht; denn ich vergesse deiner Gebote nicht.

Der 120. Psalm

Wider die Verleumder.

1 (Ein Lied im höhern Chor.) Ich rufe zu dem HERRN in meiner Not, und er erhört mich.
2 HERR, errette meine Seele von den Lügenmäulern, von den falschen Zungen.
3 Was kann mir die falsche Zunge tun, was kann sie ausrichten?
4 Sie ist wie scharfe Pfeile eines Starken, wie Feuer in Wachholdern.
5 Wehe mir, daß ich ein Fremdling bin unter Mesech; ich muß wohnen unter den Hütten Kedars.
6 Es wird meiner Seele lang, zu wohnen bei denen, die den Frieden hassen.

7 Ich halte Frieden; aber wenn ich rede, so fangen sie Krieg an.

Der 121. Psalm

Gott, der treue Menschenhüter.

1 (Ein Lied im höhern Chor.) Ich hebe meine Augen auf zu den Bergen von welchen mir Hilfe kommt.

2 Meine Hilfe kommt von dem HERRN, der Himmel und Erde gemacht hat.

3 Er wird deinen Fuß nicht gleiten lassen; und der dich behütet schläft nicht.

4 Siehe, der Hüter Israels schläft noch schlummert nicht.

5 Der HERR behütet dich; der HERR ist dein Schatten über deiner rechten Hand,

6 daß dich des Tages die Sonne nicht steche noch der Mond des Nachts.

7 Der HERR behüte dich vor allem Übel, er behüte deine Seele;

8 der HERR behüte deinen Ausgang und Eingang von nun an bis in Ewigkeit.

Der 122. Psalm

Herrlichkeit Jerusalems.

1 (Ein Lied Davids im höhern Chor.) Ich freute mich über die, so mir sagten: Laßt uns ins Haus des HERRN gehen!

2 Unsre Füße stehen in deinen Toren, Jerusalem.

3 Jerusalem ist gebaut, daß es eine Stadt sei, da man zusammenkommen soll,

4 da die Stämme hinaufgehen, die Stämme des HERRN, wie geboten ist dem Volk Israel, zu danken dem Namen des Herrn.

5 Denn daselbst sind Stühle zum Gericht, die Stühle des Hauses David.

6 Wünschet Jerusalem Glück! Es möge wohl gehen denen, die dich lieben!

7 Es möge Friede sein in deinen Mauern und Glück in deinen Palästen!

8 Um meiner Brüder und Freunde willen will ich dir Frieden wünschen.

9 Um des Hauses willen des HERRN, unsers Gottes, will ich dein Bestes suchen.

Der 123. Psalm

Sehnsucht nach Hilfe unter Schmach und Spott.

1 (Ein Lied im höhern Chor.) Ich hebe meine Augen auf zu dir, der du im Himmel sitzest.

2 Siehe! wie die Augen der Knechte auf die Hände ihrer Herren sehen, wie die Augen der Magd auf die Hände ihrer Frau, also sehen unsre Augen auf den HERRN, unsern Gott, bis er uns gnädig werde.

3 Sei uns gnädig, HERR, sei uns gnädig! denn wir sind sehr voll Verachtung.

4 Sehr voll ist unsre Seele von der Stolzen Spott und der Hoffärtigen Verachtung.

Der 124. Psalm

Gott mit uns in der Not.

1 (Ein Loblied im höhern Chor.) Wo der HERR nicht bei uns wäre, so sage Israel,

2 wo der HERR nicht bei uns wäre, wenn die Menschen sich wider uns setzen:

3 so verschlängen sie uns lebendig, wenn ihr Zorn über uns ergrimmte;

4 so ersäufte uns Wasser, Ströme gingen über unsre Seele;

5 es gingen Wasser allzu hoch über unsre Seele.

6 Gelobet sei der HERR, daß er uns nicht gibt zum Raub in ihre Zähne!

7 Unsre Seele ist entronnen wie ein Vogel dem Stricke des Voglers; der Strick ist zerrissen, wir sind los.

8 Unsre Hilfe steht im Namen des HERRN, der Himmel und Erde gemacht hat.

Der 125. Psalm

Hoffnung läßt nicht zu Schaden werden.

1 (Ein Lied im Höhern Chor.) Die auf den HERRN hoffen, die werden nicht fallen, sondern ewig bleiben wie der Berg Zion.

2 Um Jerusalem her sind Berge, und der HERR ist um sein Volk her von nun an bis in Ewigkeit.

3 Denn der Gottlosen Zepter wird nicht bleiben über dem Häuflein der Gerechten, auf daß die Gerechten ihre Hand nicht ausstrecken zur Ungerechtigkeit.

4 HERR, tue wohl den guten und frommen Herzen!

5 Die aber abweichen auf ihre krummen Wege, wird der HERR wegtreiben mit den Übeltätern. Friede sei über Israel!

Der 126. Psalm

Erlösung der Gefangenen Zions.

1 (Ein Lied im Höhern Chor.) Wenn der HERR die Gefangenen Zions erlösen wird, so werden wir sein wie die Träumenden.

2 Dann wird unser Mund voll Lachens und unsere Zunge voll Rühmens sein. Da wird man sagen unter den Heiden: Der HERR hat Großes an ihnen getan!

3 Der HERR hat Großes an uns getan; des sind wir fröhlich.

4 HERR, bringe wieder unsere Gefangenen, wie du die Bäche wiederbringst im Mittagslande.

5 Die mit Tränen säen, werden mit Freuden ernten.

6 Sie gehen hin und weinen und tragen edlen Samen und kommen mit Freuden und bringen ihre Garben.

Der 127. Psalm

An Gottes Segen ist alles gelegen.

1 (Ein Lied Salomos im Höhern Chor.) Wo der HERR nicht das Haus baut, so arbeiten umsonst, die daran bauen. Wo der HERR nicht die Stadt behütet, so wacht der Wächter umsonst.

2 Es ist umsonst, daß ihr früh aufstehet und

hernach lange sitzet und esset euer Brot mit Sorgen; denn seinen Freunden gibt er's schlafend.

3 Siehe, Kinder sind eine Gabe des HERRN, und Leibesfrucht ist ein Geschenk.

4 Wie die Pfeile in der Hand des Starken, also geraten die jungen Knaben.

5 Wohl dem, der seinen Köcher derselben voll hat! Die werden nicht zu Schanden, wenn sie mit ihren Feinden handeln im Tor.

Der 128. Psalm

Segen des Frommen im Hausstande.

1 (Ein Lied im höhern Chor.) Wohl dem, der den HERRN fürchtet und auf seinen Wegen geht!

2 Du wirst dich nähren deiner Hände Arbeit; wohl dir, du hast es gut.

3 Dein Weib wird sein wie ein fruchtbarer Weinstock drinnen in deinem Hause, deine Kinder wie Ölzweige um deinen Tisch her.

4 Siehe, also wird gesegnet der Mann, der den HERRN fürchtet.

5 Der HERR wird dich segnen aus Zion, daß du sehest das Glück Jerusalems dein Leben lang

6 und sehest deiner Kinder Kinder. Friede über Israel!

Der 129. Psalm

Die Dränger Israels müssen zu Schanden werden.

1 (Ein Lied im höhern Chor.) Sie haben mich oft gedrängt von meiner Jugend auf, so sage Israel,

2 sie haben mich oft gedrängt von meiner Jugend auf; aber sie haben mich nicht übermocht.

3 Die Pflüger haben auf meinen Rücken geackert und ihre Furchen lang gezogen.

4 Der HERR, der gerecht ist, hat der Gottlosen Seile abgehauen.

5 Ach daß müßten zu Schanden werden und zurückkehren alle, die Zion gram sind!

6 Ach daß sie müßten sein wie das Gras auf den Dächern, welches verdorrt, ehe man es ausrauft,

7 von welchem der Schnitter seine Hand nicht füllt noch der Garbenbinder seinen Arm

8 und die vorübergehen nicht sprechen: "Der Segen des HERRN sei über euch! wir segnen euch im Namen des HERRN"!

Der 130. Psalm

Aus tiefer Not.

1 (Ein Lied im höhern Chor.) Aus der Tiefe rufe ich, HERR, zu dir.

2 HERR, höre auf meine Stimme, laß deine Ohren merken auf die Stimme meines Flehens!

3 So du willst, HERR, Sünden zurechnen, HERR, wer wird bestehen?

4 Denn bei dir ist die Vergebung, daß man dich fürchte.

5 Ich harre des HERRN; meine Seele harret, und ich hoffe auf sein Wort.

6 Meine Seele wartet auf den HERRN von einer Morgenwache bis zur andern.

7 Israel, hoffe auf den HERRN! denn bei dem HERRN ist die Gnade und viel Erlösung bei ihm,

8 und er wird Israel erlösen aus allen seinen Sünden.

Der 131. Psalm

Gläubige Herzensdemut.

1 (Ein Lied Davids im höhern Chor.) HERR, mein Herz ist nicht hoffärtig, und meine Augen sind nicht stolz; ich wandle nicht in großen Dingen, die mir zu hoch sind.

2 Ja, ich habe meine Seele gesetzt und gestillt; so ist meine Seele in mir wie ein entwöhntes Kind bei seiner Mutter.

3 Israel, hoffe auf den HERRN von nun an bis in Ewigkeit!

Der 132. Psalm

*Gebet für Daniels Haus
im Blick auf die Verheißung Gottes.*

1 (Ein Lied im höhern Chor.) Gedenke, HERR, an David und all sein Leiden,

2 der dem HERRN schwur und gelobte dem Mächtigen Jakobs:

3 "Ich will nicht in die Hütte meines Hauses gehen noch mich aufs Lager meines Bettes legen,

4 ich will meine Augen nicht schlafen lassen noch meine Augenlider schlummern,

5 bis ich eine Stätte finde für den HERRN, zur Wohnung des Mächtigen Jakobs."

6 Siehe, wir hörten von ihr in Ephratha; wir haben sie gefunden auf dem Felde des Waldes.

7 Wir wollen in seine Wohnung gehen und anbeten vor seinem Fußschemel.

8 HERR, mache dich auf zu deiner Ruhe, du und die Lade deiner Macht!

9 Deine Priester laß sich kleiden mit Gerechtigkeit und deine Heiligen sich freuen.

10 Wende nicht weg das Antlitz deines Gesalbten um deines Knechtes David willen.

11 Der HERR hat David einen wahren Eid geschworen, davon wird er sich nicht wenden: "Ich will dir auf deinen Stuhl setzen die Frucht deines Leibes.

12 Werden deine Kinder meinen Bund halten

und mein Zeugnis, das ich sie lehren werde, so sollen auch ihre Kinder auf deinem Stuhl sitzen ewiglich."

13 Denn der HERR hat Zion erwählt und hat Lust, daselbst zu wohnen.

14 "Dies ist meine Ruhe ewiglich, hier will ich wohnen; denn es gefällt mir wohl.

15 Ich will ihre Speise segnen und ihren Armen Brot genug geben.

16 Ihre Priester will ich mit Heil kleiden, und ihre Heiligen sollen fröhlich sein.

17 Daselbst soll aufgehen das Horn Davids; ich habe meinen Gesalbten eine Leuchte zugerichtet. [Dort will ich Davids Macht erblühen lassen;eine Leuchte hab' ich meinem Gesalbten bereitet. (26)]

18 Seine Feinde will ich mit Schanden kleiden; aber über ihm soll blühen seine Krone."

Der 133. Psalm

Segen der brüderlichen Eintracht.

1 (Ein Lied Davids im höhern Chor.) Siehe, wie fein und lieblich ist's, daß Brüder einträchtig beieinander wohnen!

2 wie der köstliche Balsam ist, der von Aaron Haupt herabfließt in seinen ganzen Bart, der herabfließt in sein Kleid,

3 wie der Tau, der vom Hermon herabfällt auf die Berge Zions. Denn daselbst verheißt der HERR Segen und Leben immer und ewiglich.

Der 134. Psalm

Nächtliches Loblied im Tempel.

1 (Ein Lied im höhern Chor.) Siehe, lobet den HERRN, alle Knechte des HERRN, die ihr stehet des Nachts im Hause des HERRN!
2 Hebet eure Hände auf im Heiligtum und lobet den HERRN!
3 Der HERR segne dich aus Zion, der Himmel und Erde gemacht hat!

Der 135. Psalm

Allmacht Gottes. Ohnmacht der Götzen.

1 Halleluja! Lobet den Namen des HERRN, lobet, ihr Knechte des HERRN,
2 die ihr stehet im Hause des HERRN, in den Höfen des Hauses unsers Gottes!
3 Lobet den HERRN, denn der HERR ist freundlich; lobsinget seinem Namen, denn er ist lieblich!
4 Denn der HERR hat sich Jakob erwählt, Israel zu seinem Eigentum.

5 Denn ich weiß, daß der HERR groß ist und unser HERR vor allen Göttern.

6 Alles, was er will, das tut er, im Himmel und auf Erden, im Meer und in allen Tiefen;

7 der die Wolken läßt aufsteigen vom Ende der Erde, der die Blitze samt dem Regen macht, der den Wind aus seinen Vorratskammern kommen läßt;

8 der die Erstgeburten schlug in Ägypten, beider, der Menschen und des Viehes,

9 und ließ Zeichen und Wunder kommen über dich, Ägyptenland, über Pharao und alle seine Knechte;

10 der viele Völker schlug und tötete mächtige Könige:

11 Sihon, der Amoriter König, und Og, den König von Basan, und alle Königreiche in Kanaan;

12 und gab ihr Land zum Erbe, zum Erbe seinem Volk Israel.

13 HERR, dein Name währet ewiglich; dein Gedächtnis, HERR, währet für und für.

14 Denn der HERR wird sein Volk richten und seinen Knechten gnädig sein.

15 Der Heiden Götzen sind Silber und Gold, von Menschenhänden gemacht.

16 Sie haben Mäuler, und reden nicht; sie haben Augen, und sehen nicht;

17 sie haben Ohren, und hören nicht; auch ist kein Odem in ihrem Munde.

18 Die solche machen, sind gleich also, alle, die auf solche hoffen.

19 Das Haus Israel lobe den HERRN! Lobet den HERRN, ihr vom Hause Aaron!

20 Ihr vom Hause Levi, lobet den HERRN! Die ihr den HERRN fürchtet, lobet den HERRN!

21 Gelobet sei der HERR aus Zion, der zu Jerusalem wohnt! Halleluja!

Der 136. Psalm

Preis der ewigen Güte Gottes und seiner Wunder.

1 Danket dem HERRN; denn er ist freundlich, denn seine Güte währet ewiglich.

2 Danket dem Gott aller Götter, denn seine Güte währet ewiglich.

3 Danket dem HERRN aller Herren, denn seine Güte währet ewiglich,

4 der große Wunder tut allein, denn seine Güte währet ewiglich;

5 der die Himmel weislich gemacht hat, denn seine Güte währet ewiglich;

6 der die Erde auf Wasser ausgebreitet hat, denn seine Güte währet ewiglich;

7 der große Lichter gemacht hat, denn seine Güte währet ewiglich:

8 Die Sonne, dem Tag vorzustehen, denn seine Güte währet ewiglich,

9 den Mond und Sterne, der Nacht vorzustehen, denn seine Güte währet ewiglich;

10 der Ägypten schlug an ihren Erstgeburten, denn seine Güte währet ewiglich

11 und führte Israel heraus, denn seine Güte währet ewiglich

12 durch mächtige Hand und ausgerecktem Arm, denn seine Güte währet ewiglich;

13 der das Schilfmeer teilte in zwei Teile, denn seine Güte währet ewiglich

14 und ließ Israel hindurchgehen, denn seine Güte währet ewiglich;

15 der Pharao und sein Heer ins Schilfmeer stieß, denn seine Güte währet ewiglich;

16 der sein Volk führte in der Wüste, denn seine Güte währet ewiglich;

17 der große Könige schlug, denn seine Güte währet ewiglich

18 und erwürgte mächtige Könige, denn seine Güte währet ewiglich:

19 Sihon, der Amoriter König, denn seine Güte währet ewiglich

20 und Og, den König von Basan, denn seine Güte währet ewiglich,

21 und gab ihr Land zum Erbe, denn seine Güte währet ewiglich,

22 zum Erbe seinem Knecht Israel, denn seine Güte währet ewiglich;

23 denn er dachte an uns, da wir unterdrückt waren, denn seine Güte währet ewiglich;

24 und erlöste uns von unsern Feinden, denn seine Güte währet ewiglich;

25 der allem Fleisch Speise gibt, denn seine Güte währet ewiglich.

26 Dankt dem Gott des Himmels, denn seine Güte währet ewiglich.

Der 137. Psalm

Wehklage der Gefangenen zu Babel.

1 An den Wassern zu Babel saßen wir und weinten, wenn wir an Zion gedachten.

2 Unsere Harfen hingen wir an die Weiden, die daselbst sind.

3 Denn dort hießen uns singen, die uns gefangen hielten, und in unserm Heulen fröhlich sein: "Singet uns ein Lied von Zion!" [Denn die uns gefangen hielten, forderten dort von uns die Worte eines Liedes, und die uns wehklagen machten, forderten Freude: "Singt uns eins der Zionslieder!" (27)]

4 Wie sollten wir des HERRN Lied singen in fremden Landen?

5 Vergesse ich dein, Jerusalem, so werde ich meiner Rechten vergessen.

6 Meine Zunge soll an meinem Gaumen kleben, wo ich nicht dein gedenke, wo ich nicht lasse Jerusalem meine höchste Freude sein.

7 HERR, gedenke der Kinder Edom den Tag Jerusalems, die da sagten: "Rein ab, rein ab bis auf ihren Boden!" [Gedenke, HERR, den Söhnen Edoms den Tag Jerusalems, wie sie sprachen: »Zerstört, zerstört sie bis auf den Grund!« (28)]

8 Du verstörte Tochter Babel, wohl dem, der dir vergilt, wie du uns getan hast!

9 Wohl dem, der deine jungen Kinder nimmt und zerschmettert sie an dem Stein!

Der 138. Psalm

Danklied für die göttliche Hilfe in der Not.

1 (Davids.) Ich danke dir von ganzem Herzen; vor den Göttern will ich dir lobsingen.

2 Ich will anbeten zu deinem heiligen Tempel und deinem Namen danken für deine Güte und Treue; denn du hast deinen Namen über alles herrlich gemacht durch dein Wort.

3 Wenn ich dich anrufe, so erhörst du mich und gibst meiner Seele große Kraft.

4 Es danken dir, HERR, alle Könige auf Erden, daß sie hören das Wort deines Mundes,

5 und singen auf den Wegen des HERRN, daß die Ehre des HERRN groß sei.

6 Denn der HERR ist hoch und sieht auf das Niedrige und kennt die Stolzen von ferne.

7 Wenn ich mitten in der Angst wandle, so erquickst du mich und streckst deine Hand über

den Zorn meiner Feinde und hilfst mir mit deiner Rechten.

8 Der HERR wird's für mich vollführen. HERR, deine Güte ist ewig. Das Werk deiner Hände wollest du nicht lassen.

Der 139. Psalm

Von Gottes Allwissenheit und Allgegenwart.

1 (Ein Psalm Davids, vorzusingen.) HERR, Du erforschest mich und kennest mich.

2 Ich sitze oder stehe auf, so weißt du es; du verstehst meine Gedanken von ferne.

3 Ich gehe oder liege, so bist du um mich und siehst alle meine Wege.

4 Denn siehe, es ist kein Wort auf meiner Zunge, das du, HERR, nicht alles wissest.

5 Von allen Seiten umgibst du mich und hältst deine Hand über mir.

6 Solche Erkenntnis ist mir zu wunderbar und zu hoch; ich kann sie nicht begreifen.

7 Wo soll ich hin gehen vor deinem Geist, und wo soll ich hin fliehen vor deinem Angesicht?

8 Führe ich gen Himmel, so bist du da. Bettete ich mir in die Hölle, siehe, so bist du auch da.

9 Nähme ich Flügel der Morgenröte und bliebe am äußersten Meer,

10 so würde mich doch deine Hand daselbst führen und deine Rechte mich halten.

11 Spräche ich: Finsternis möge mich decken! so muß die Nacht auch Licht um mich sein.

12 Denn auch Finsternis ist nicht finster bei dir, und die Nacht leuchtet wie der Tag, Finsternis ist wie das Licht.

13 Denn du hast meine Nieren bereitet und hast mich gebildet im Mutterleib.

14 Ich danke dir dafür, daß ich wunderbar gemacht bin; wunderbar sind deine Werke, und das erkennt meine Seele wohl.

15 Es war dir mein Gebein nicht verhohlen, da ich im Verborgenen gemacht ward, da ich gebildet ward unten in der Erde.

16 Deine Augen sahen mich, da ich noch unbereitet war, und alle Tage waren auf dein Buch geschrieben, die noch werden sollten, als derselben keiner da war.

17 Aber wie köstlich sind vor mir, Gott, deine Gedanken! Wie ist ihrer so eine große Summe!

18 Sollte ich sie zählen, so würde ihrer mehr sein denn des Sandes. Wenn ich aufwache, bin ich noch bei dir.

19 Ach Gott, daß du tötetest die Gottlosen, und die Blutgierigen von mir weichen müßten!

20 Denn sie reden von dir lästerlich, und deine Feinde erheben sich ohne Ursache.

21 Ich hasse ja, HERR, die dich hassen, und es verdrießt mich an ihnen, daß sie sich wider dich setzen.

22 Ich hasse sie im rechtem Ernst; sie sind mir zu Feinden geworden.

23 Erforsche mich, Gott, und erfahre mein Herz; prüfe mich und erfahre, wie ich's meine.

24 Und siehe, ob ich auf bösem Wege bin, und leite mich auf ewigem Wege.

Der 140. Psalm

Gebet um Hilfe bei der Nachstellung listiger Feinde.

1 (Ein Psalm Davids, vorzusingen.)

2 Errette mich, HERR, von den bösen Menschen; behüte mich vor den freveln Leute,

3 die Böses gedenken in ihrem Herzen und täglich Krieg erregen.

4 Sie schärfen ihre Zunge wie eine Schlange; Otterngift ist unter ihren Lippen. (Sela.)

5 Bewahre mich, HERR, vor der Hand der Gottlosen; behüte mich vor den freveln Leuten, die meinen Gang gedenken umzustoßen.

6 Die Hoffärtigen legen mir Stricke und breiten mir Seile aus zum Netz und stellen mir Fallen an den Weg. (Sela.)

7 Ich aber sage zum HERRN: Du bist mein Gott; HERR, vernimm die Stimme meines Flehens!

8 HERR HERR, meine starke Hilfe, du beschirmst mein Haupt zur Zeit des Streites.

9 HERR, laß dem Gottlosen seine Begierde nicht; stärke seinen Mutwillen nicht: sie möchten sich des überheben. (Sela.)

10 Das Unglück, davon meine Feinde ratschlagen, müsse auf ihren Kopf fallen.

11 Er wird Strahlen über sie schütten; er wird sie mit Feuer tief in die Erde schlagen, daß sie nicht mehr aufstehen.

12 Ein böses Maul wird kein Glück haben auf Erden; ein frevler, böser Mensch wird verjagt und gestürzt werden.

13 Denn ich weiß, daß der HERR wird des Elenden Sache und der Armen Recht ausführen.

14 Auch werden die Gerechten deinem Namen danken, und die Frommen werden vor deinem Angesicht bleiben.

Der 141. Psalm

Bitte um göttliche Bewahrung vor den Bösen.

1 (Ein Psalm Davids.) HERR, ich rufe zu dir; eile zu mir; vernimm meine Stimme, wenn ich dich anrufe.

2 Mein Gebet müsse vor dir Taugen wie ein Räuchopfer, mein Händeaufheben wie ein Abendopfer.

3 HERR, behüte meinen Mund und bewahre meine Lippen.

4 Neige mein Herz nicht auf etwas Böses, ein gottloses Wesen zu führen mit den Übeltätern, daß ich nicht esse von dem, was ihnen geliebt.

5 Der Gerechte schlage mich freundlich und strafe mich; das wird mir so wohl tun wie Balsam auf meinem Haupt; denn ich bete stets, daß sie mir nicht Schaden tun.

6 Ihre Führer müssen gestürzt werden über einen Fels; so wird man dann meine Rede hören, daß sie lieblich sei.

7 Unsere Gebeine sind zerstreut bis zur Hölle, wie wenn einer das Land pflügt und zerwühlt.

8 Denn auf dich, HERR HERR, sehen meine Augen; ich traue auf dich, verstoße meine Seele nicht.

9 Bewahre mich vor dem Stricke, den sie mir gelegt haben, und von der Falle der Übeltäter.

10 Die Gottlosen müssen in ihr eigen Netz fallen miteinander, ich aber immer vorübergehen

Der 142. Psalm

Seufzen nach der Hilfe Gottes in großer Angst.

1 (Eine Unterweisung Davids, ein Gebet, da er in der Höhle war.)

2 Ich schreie zum HERRN mit meiner Stimme; ich flehe zum HERRN mit meiner Stimme;

3 ich schütte meine Rede vor ihm aus und zeige an vor ihm meine Not.

4 Wenn mein Geist in Ängsten ist, so nimmst du dich meiner an. Sie legen mir Stricke auf dem Wege, darauf ich gehe.

5 Schaue zur Rechten und siehe! da will mich niemand kennen. Ich kann nicht entfliehen; niemand nimmt sich meiner Seele an.

6 HERR, zu dir schreie ich und sage: Du bist meine Zuversicht, mein Teil im Lande der Lebendigen.

7 Merke auf meine Klage, denn ich werde sehr geplagt; errette mich von meinen Verfolgern, denn sie sind mir zu mächtig.

8 Führe meine Seele aus dem Kerker, daß ich danke deinem Namen. Die Gerechten werden sich zu mir sammeln, wenn du mir wohltust.

Der 143. Psalm

Gebet um göttliche Errettung und Leitung.

1 (Ein Psalm Davids.) HERR, erhöre mein Gebet, vernimm mein Flehen um deiner Wahrheit willen, erhöre mich um deiner Gerechtigkeit willen

2 und gehe nicht ins Gericht mit deinem Knechte; denn vor dir ist kein Lebendiger gerecht.

3 Denn der Feind verfolgt meine Seele und schlägt mein Leben zu Boden; er legt mich ins Finstere wie die, so längst tot sind.

4 Und mein Geist ist in mir geängstet; mein Herz ist mir in meinem Leibe verzehrt.

5 Ich gedenke an die vorigen Zeiten; ich rede von allen deinen Taten und sage von den Werken deiner Hände.

6 Ich breite meine Hände aus zu dir; meine Seele dürstet nach dir wie ein dürres Land. (Sela.)

7 HERR, erhöre mich bald, mein Geist vergeht; verbirg dein Antlitz nicht von mir, daß ich nicht gleich werde denen, die in die Grube fahren.

8 Laß mich frühe hören deine Gnade; denn ich hoffe auf dich. Tue mir kund den Weg, darauf ich gehen soll; denn mich verlangt nach dir.

9 Errette mich, mein Gott, von meinen Feinden; zu dir habe ich Zuflucht.

10 Lehre mich tun nach deinem Wohlgefallen, denn du bist mein Gott; dein guter Geist führe mich auf ebener Bahn.

11 HERR, erquicke mich um deines Namens willen; führe meine Seele aus der Not um deiner Gerechtigkeit willen

12 und verstöre meine Feinde um deiner Güte willen und bringe alle um, die meine Seele ängsten; denn ich bin dein Knecht.

Der 144. Psalm

Bitte um Schutz und Segen Gottes für sein Volk.

1 (Ein Psalm Davids.) Gelobet sei der HERR, mein Hort, der meine Hände lehrt streiten und

meine Fäuste kriegen, [Gepriesen sei der HERR, mein Fels, der meine Hände tüchtig gemacht zum Kampf, meine Finger geschickt zum Kriege (29)]

2 meine Güte und meine Burg, mein Schutz und mein Erretter, mein Schild, auf den ich traue, der mein Volk unter mich zwingt.

3 HERR, was ist der Mensch, daß du dich sein annimmst, und des Menschen Kind, daß du ihn so achtest?

4 Ist doch der Mensch gleich wie nichts; seine Zeit fährt dahin wie ein Schatten.

5 HERR, neige deine Himmel und fahre herab; rühre die Berge an, daß sie rauchen;

6 laß blitzen und zerstreue sie; schieße deine Strahlen und schrecke sie;

7 strecke deine Hand aus von der Höhe und erlöse mich und errette mich von großen Wassern, von der Hand der Kinder der Fremde,

8 deren Mund redet unnütz, und ihre Werke sind falsch.

9 Gott, ich will dir ein neues Lied singen, ich will dir spielen auf dem Psalter von zehn Saiten,

10 der du den Königen Sieg gibst und erlöst deinen Knecht David vom mörderischen Schwert des Bösen.

11 Erlöse mich auch und errette mich von der Hand der Kinder der Fremde, deren Mund redet unnütz, und ihre Werke sind falsch,

12 daß unsere Söhne aufwachsen in ihrer Jugend wie die Pflanzen, und unsere Töchter

seien wie die ausgehauenen Erker, womit man Paläste ziert;

13 daß unsere Kammern voll seien und herausgeben können einen Vorrat nach dem andern; daß unsere Schafe tragen tausend und zehntausend auf unsern Triften;

14 daß unsere Ochsen viel erarbeiten; daß kein Schade, kein Verlust noch Klage auf unsern Gassen sei.

15 Wohl dem Volk, dem es also geht! Wohl dem Volk, des Gott der HERR ist!

Der 145. Psalm

Die Gnade und Gerechtigkeit in seinem Reich.

1 (Ein Lob Davids.) Ich will dich erheben, mein Gott, du König, und deinen Namen loben immer und ewiglich.

2 Ich will dich täglich loben und deinen Namen rühmen immer und ewiglich.

3 Der HERR ist groß und sehr löblich, und seine Größe ist unausforschlich.

4 Kindeskinder werden deine Werke preisen und von deiner Gewalt sagen.

5 Ich will reden von deiner herrlichen, schönen Pracht und von deinen Wundern,

6 daß man soll sagen von deinen herrlichen Taten und daß man erzähle deine Herrlichkeit;

7 daß man preise deine große Güte und deine Gerechtigkeit rühme.

8 Gnädig und barmherzig ist der HERR, geduldig und von großer Güte.

9 Der HERR ist allen gütig und erbarmt sich aller seiner Werke.

10 Es sollen dir danken, HERR, alle deine Werke und deine Heiligen dich loben

11 und die Ehre deines Königreiches rühmen und von deiner Gewalt reden,

12 daß den Menschenkindern deine Gewalt kund werde und die herrliche Pracht deines Königreichs.

13 Dein Reich ist ein ewiges Reich, und deine Herrschaft währet für und für.

14 Der HERR erhält alle, die da fallen, und richtet auf alle, die niedergeschlagen sind.

15 Aller Augen warten auf dich, und du gibst ihnen ihre Speise zu seiner Zeit.

16 Du tust deine Hand auf und erfüllst alles, was lebt, mit Wohlgefallen.

17 Der HERR ist gerecht in allen seinen Wegen und heilig in allen seinen Werken.

18 Der HERR ist nahe allen, die ihn anrufen, allen, die ihn mit Ernst anrufen.

19 Er tut, was die Gottesfürchtigen begehren, und hört ihr Schreien und hilft ihnen.

20 Der HERR behütet alle, die ihn lieben, und wird vertilgen alle Gottlosen.

21 Mein Mund soll des HERRN Lob sagen, und alles Fleisch lobe seinen heiligen Namen immer und ewiglich.

Der 146. Psalm

Die ewige Treue Gottes.

1 Halleluja! Lobe den HERRN, meine Seele!
2 Ich will den HERRN loben, solange ich lebe, und meinem Gott lobsingen, solange ich hier bin.
3 Verlaßt euch nicht auf Fürsten; sie sind Menschen, die können ja nicht helfen.
4 Denn des Menschen Geist muß davon, und er muß wieder zu Erde werden; alsdann sind verloren alle seine Anschläge.
5 Wohl dem, des Hilfe der Gott Jakobs ist; des Hoffnung auf den HERRN, seinem Gott, steht;
6 der Himmel, Erde, Meer und alles, was darinnen ist, gemacht hat; der Glauben hält ewiglich;
7 der Recht schafft denen, so Gewalt leiden; der die Hungrigen speist. Der HERR löst die Gefangenen.
8 Der HERR macht die Blinden sehend. Der HERR richtet auf, die niedergeschlagen sind. Der HERR liebt die Gerechten.
9 Der HERR behütet die Fremdlinge und erhält die Waisen und Witwen und kehrt zurück den Weg der Gottlosen.
10 Der HERR ist König ewiglich, dein Gott, Zion, für und für. Halleluja.

Der 147. Psalm

Preis der leiblichen und geistlichen Segnungen Gottes.

1 Lobet den HERR! denn unsern Gott loben, das ist ein köstlich Ding; solch Lob ist lieblich und schön.

2 Der HERR baut Jerusalem und bringt zusammen die Verjagten Israels.

3 Er heilt, die zerbrochnen Herzens sind, und verbindet ihre Schmerzen.

4 Er zählt die Sterne und nennt sie alle mit Namen.

5 Der HERR ist groß und von großer Kraft; und ist unbegreiflich, wie er regiert.

6 Der Herr richtet auf die Elenden und stößt die Gottlosen zu Boden.

7 Singet umeinander dem HERRN mit Dank und lobet unsern Gott mit Harfen,

8 der den Himmel mit Wolken verdeckt und gibt Regen auf Erden; der Gras auf Bergen wachsen läßt;

9 der dem Vieh sein Futter gibt, den jungen Raben, die ihn anrufen.

10 Er hat nicht Lust an der Stärke des Rosses noch Gefallen an eines Mannes Schenkeln.

11 Der HERR hat Gefallen an denen, die ihn fürchten, die auf seine Güte hoffen.

12 Preise, Jerusalem, den HERRN; lobe Zion, deinen Gott!

13 Denn er macht fest die Riegel deiner Tore und segnet deine Kinder drinnen.

14 Er schafft deinen Grenzen Frieden und sättigt dich mit dem besten Weizen.

15 Er sendet seine Rede auf Erden; sein Wort läuft schnell.

16 Er gibt Schnee wie Wolle, er streut Reif wie Asche.

17 Er wirft seine Schloßen wie Bissen; wer kann bleiben vor seinem Frost? [Wie Brocken wirft er das Eis, wer könnte bestehen vor seinem Frost? (30)]

18 Er spricht, so zerschmilzt es; er läßt seinen Wind wehen, so taut es auf.

19 Er zeigt Jakob sein Wort, Israel seine Sitten und Rechte.

20 So tut er keinen Heiden, noch läßt er sie wissen seine Rechte. Halleluja!

Der 148. Psalm

Alle Welt lobet den Herrn!

1 Halleluja! Lobet im Himmel den HERRN; lobet ihn in der Höhe!

2 Lobet ihn, alle seine Engel; lobet ihn, all sein Heer!

3 Lobet ihn, Sonne und Mond; lobet ihn, alle leuchtenden Sterne!

4 Lobet ihn, ihr Himmel allenthalben und die Wasser, die oben am Himmel sind!

5 Die sollen loben den Namen des HERRN; denn er gebot, da wurden sie geschaffen.

6 Er hält sie immer und ewiglich; er ordnet sie, daß sie nicht anders gehen dürfen.

7 Lobet den HERRN auf Erden, ihr Walfische und alle Tiefen;

8 Feuer, Hagel, Schnee und Dampf, Sturmwinde, die sein Wort ausrichten;

9 Berge und alle Hügel, fruchtbare Bäume und alle Zedern;

10 Tiere und alles Vieh, Gewürm und Vögel;

11 ihr Könige auf Erden und alle Völker, Fürsten und alle Richter auf Erden;

12 Jünglinge und Jungfrauen, Alte mit den Jungen!

13 Die sollen loben den Namen des HERRN; denn sein Name allein ist hoch, sein Lob geht, soweit Himmel und Erde ist.

14 Und erhöht das Horn seines Volkes. Alle Heiligen sollen loben, die Kinder Israel, das Volk, das ihm dient. Halleluja!

Der 149. Psalm

Zion lobe den Herrn!

1 Halleluja! Singet dem HERRN ein neues Lied; die Gemeinde der Heiligen soll ihn loben.

2 Israel freue sich des, der es gemacht hat; die Kinder Zions seien fröhlich über ihren König.

3 Sie sollen loben seinen Namen im Reigen; mit Pauken und Harfen sollen sie ihm spielen.

4 Denn der HERR hat Wohlgefallen an seinem Volk; er hilft den Elenden herrlich.

5 Die Heiligen sollen fröhlich sein und preisen und rühmen auf ihren Lagern.

6 Ihr Mund soll Gott erheben, und sie sollen scharfe Schwerter in ihren Händen haben,

7 daß sie Rache üben unter den Heiden, Strafe unter den Völkern;

8 ihre Könige zu binden mit Ketten und ihre Edlen mit eisernen Fesseln;

9 daß sie ihnen tun das Recht, davon geschrieben ist. Solche Ehre werden alle seine Heiligen haben. Halleluja!

Der 150. Psalm

Alles, was Odem hat, lobe den Herrn!

1 Halleluja! Lobet den HERRN in seinem Heiligtum; lobet ihn in der Feste seiner Macht!

2 Lobet ihn in seinen Taten; lobet ihn in seiner großen Herrlichkeit!

3 Lobet ihn mit Posaunen; lobet ihn mit Psalter und Harfe!

4 Lobet ihn mit Pauken und Reigen; lobet ihn mit Saiten und Pfeifen!

5 Lobet ihn mit hellen Zimbeln; lobet ihn mit wohlklingenden Zimbeln!
6 Alles, was Odem hat, lobe den HERRN!

Halleluja!

Anhang und Register

(1) Züricher Bibel
(2) Menge Bibel
(3) Elberfelder Bibel
(4) Menge Bibel
(5) Elberfelder Bibel
(6) Züricher Bibel
(7) Schlachter 2000
(8) Elberfelder Bibel
(9) Menge Bibel
(10) Züricher Bibel
(11) Elberfelder Bibel
(12) Elberfelder Bibel
(13) Züricher Bibel
(14) Schlachter 2000
(15) Elberfelder Bibel
(16) Elberfelder Bibel
(17) Schlachter 2000
(18) Schlachter 2000
(19) Züricher Bibel
(20) Züricher Bibel
(21) Züricher Bibel
(22) Schlachter 2000
(23) Elberfelder Bibel
(24) Züricher Bibel
(25) Menge Bibel
(26) Menge Bibel
(27) Elberfelder Bibel
(28) Schlachter 2000
(29) Menge Bibel
(30) Züricher Bibel